Collection dirigée par Alain Bentolila

Un Monde à Lire

Dire, lire, écrire et découvrir le Monde

Nadine Robert
Conseillère pédagogique

Mireille Hartmann
Enseignante

Isabelle Le Guay
Orthophoniste

Catherine Boyer
Professeur d'IUFM

Cahier-livre

Prénom Timothé

Nom LOMET

Nathan

Sommaire

Unité 1 – De nouveaux amis

Unité 2 – Un monde qui bouge

Unité 3 – Au fil du temps

Unité 4 – Traces et empreintes

Unité 5 – La vie autrefois

Unité 6 – Là-haut dans la montagne

Unité 7 – En voyage

Unité 8 – À travers livres

De nouveaux amis

Le jour de la rentrée…

Écoute l'histoire *Le jour de la rentrée…* Puis **lis** cette histoire en images.

Ce matin, c'est la rentrée des classes. Lina arrive devant la porte de l'école.
Elle dit au revoir à ses parents qui emmènent son frère Jules à l'école maternelle.

Lina voit deux enfants inconnus.
– Bonjour, dit Lina.
Comment vous appelez-vous ?
– Je m'appelle Isabel, répond la fille.
Et mon frère s'appelle Carlos.

Les portes de l'école s'ouvrent.
Lina, Carlos et Isabel vont dans la cour de récréation.
– J'espère que nous sommes dans la même classe, dit Isabel.

Des syllabes, des sons et des lettres

A. Observe ces dessins et relie le mot en image au bon nombre de syllabes.

Je retiens : Un mot entendu est formé de ____________ que je peux repérer.

B. Entoure le mot qui correspond à l'image.

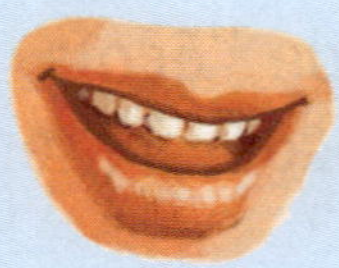

bouche douche chou joue cadeau gâteau poisson boisson

Entoure la (ou les) lettre(s) qui permettent de savoir quel est le mot qui correspond à l'image.

Je retiens : Un mot lu contient des __________ qui correspondent à des sons.

Entoure le mot qui correspond à l'image et **recopie**-le.

coussin cousin fer ver touche douche raton râteau

______________ ______________ ______________ ______________

En classe

Lina et ses amis regardent la liste
des élèves de CE1.
– Nous sommes dans la même classe ! s'écrie Lina.

La cloche sonne et les élèves
se mettent en rang.
Une jeune femme s'approche.
– C'est la maîtresse, murmure Lina.

La maîtresse emmène les élèves
dans la classe.
– Je connais cette maîtresse, dit Lina.
Elle est gentille mais un peu sévère
avec les bavards.

La maîtresse présente les deux
nouveaux élèves.
– Carlos et Isabel viennent du Pérou.
Ils parlent espagnol. Ils parlent aussi
français parce que leur maman
est française.

Des lettres et des sons

A. Regarde l'image. **Dis** le mot à haute voix. Puis **relie** la lettre à la bonne image.

 i a 

 u é 

B. Relie le bon groupe de lettres au bon mot en image.

2 ou oi 

 eau in 

 eu on 

Je retiens : Une lettre ou ______________ peuvent correspondre à un seul son.

1 Regarde l'image. **Dis** le mot à haute voix. Puis **relie** le groupe de lettres à la bonne image.

 ch qu 

 ph gn 

2 Regarde l'image. **Dis** le mot à haute voix. Puis **relie** le groupe de lettres à la bonne image.

 ille ien 

 an oin ●

3 Recopie la phrase : Le chien court après le chat.

La récréation

Les élèves se mettent au travail. Carlos et Isabel ne comprennent pas tout parce que la maîtresse parle vite.

Ensuite, les trois amis se retrouvent à la récréation.
– La maîtresse parle vite, dit Carlos. On ne comprend pas tout.
– J'ai une idée, dit Lina. Mercredi, nous ferons nos devoirs ensemble.

– Tu es vraiment très gentille, dit Isabel. Si tu veux, je te prêterai ma poupée.
– Moi, je te prêterai mon porte-bonheur, ajoute Carlos. C'est un aigle royal.

– Nous allons devenir amis, dit Lina. Et je vous promets qu'on va bien s'amuser ensemble !

Des mots et des phrases

1 **Construis** des phrases pour décrire quelqu'un que tu viens de rencontrer.
Commence tes phrases par « Il a l'air... », « Elle semble... » et **choisis** des mots dans la malle.

timide – gentil – méchant – triste – inquiet – étonné – joyeux

un peu – très – assez – trop – légèrement – bien – vraiment

à cause de – parce que – car – mais

Mercredi prochain...

2 **Observe** ces enfants. Ils discutent de ce qu'ils feront ensemble mercredi. Comme eux, **invente** des phrases pour dire ce que tu auras envie de faire.
« Mercredi prochain, nous ferons... », « Mercredi, je regarderai... »,
« Nous irons ensemble... »

Le Pérou

Observe ces documents puis **complète** le texte. **Regarde** sur un planisphère où se trouve le Pérou.

▲ **Un enfant péruvien**
Pedro joue de la quena.

▲ **Le Macchu Picchu**
Une ville des Indiens Incas.

▲ **Le lac Titicaca**
Les maisons et les bateaux sont en roseau.

▲ **Un marché**
On y vend beaucoup de fruits.

Le Pérou est un pays d'_______________ du Sud.

Les Péruviens parlent l'_______________ et le quechua.

Dis-moi…

Lis cette comptine que Lina a entendue en classe.

Dans ma ville, il y a des ponts.
Dans mon jardin, il y a des marrons.
Dans ma maison, il y a des bonbons.
Et chez toi, y a-t-il des ponts,
des marrons et des bonbons ?

Dans ma ville, il y a des châteaux.
Dans mon jardin, il y a des oiseaux.
Dans ma maison, il y a des gâteaux
Et chez toi, y a-t-il des châteaux,
des oiseaux et des gâteaux ?

Dans ma ville, il y a des gens heureux.
Dans mon jardin, il y a des chants mélodieux.
Dans ma maison, il y a des enfants joyeux.
Et chez toi, y a-t-il des gens heureux,
des chants mélodieux et des enfants joyeux ?

1 Réponds oralement aux questions.

Quels sont les trois lieux cités dans cette histoire ?
Que remarques-tu à la fin des phrases des trois paragraphes ?

2 Regarde le dernier paragraphe et **complète** les phrases. Puis **réponds** à la question.

Dis-moi ce qu'il y a dans ma ville.
– Il y a des ponts, des châteaux et ______________________ .
Dis-moi ce qu'il y a dans mon jardin.
– Il y a des marrons, ______________________ .
Dis-moi ce qu'il y a dans ma maison.
– ______________________

Combien y a-t-il de personnages qui parlent dans cette comptine ? ____

3 Invente un poème sur le même modèle.

Dans ma ville, il y a ______________________
Dans mon jardin, il y a ______________________
Dans ma maison, il y a ______________________

La phrase

A. Lis ce texte. Que **remarques**-tu ?

Les trois amis se retrouvent dans la cour de récréation.
Linaveutaidersesnouveauxamis. Elle invite Isabel et Carlos à venir chez elle, mercredi, pourfaireleursdevoirs.
Ainsi, Isabel et Carlos feront des progrès plus rapides.
Linaapprendradesmotsenespagnol.

B. Réécris sur ton ardoise les trois phrases incorrectes.

Je retiens : Dans une phrase, les ________ sont séparés les uns des autres.

1 Sépare les mots et **recopie** les phrases.

Linaregardelalistedesaclasse.

____

Lesamisseretrouventàlarécréation.

____

2 Complète la phrase avec des mots que tu **choisis**.

Dans sa poche, Carlos ______________________________

Le mercredi suivant, les trois amis ______________________________

3 Écris des phrases différentes avec ces mots.

Lina	siffle	du Pérou.
La nouvelle élève	s'approche	la fin de la récréation.
Le maître	arrive	des deux enfants.

____

____

____

J'entends des sons, j'écris des lettres

Observe ces dessins et **réponds** aux questions.

lit

lama

ami

Dans chaque mot en image :
Combien de syllabes entends-tu ?
Combien de sons entends-tu ?
Combien de lettres vois-tu ?

Je retiens : Les ______________ permettent d'écrire des sons entendus.
Dans certains mots, il y a des lettres que l'on n'entend pas.

Écris le mot qui correspond à l'image.

____

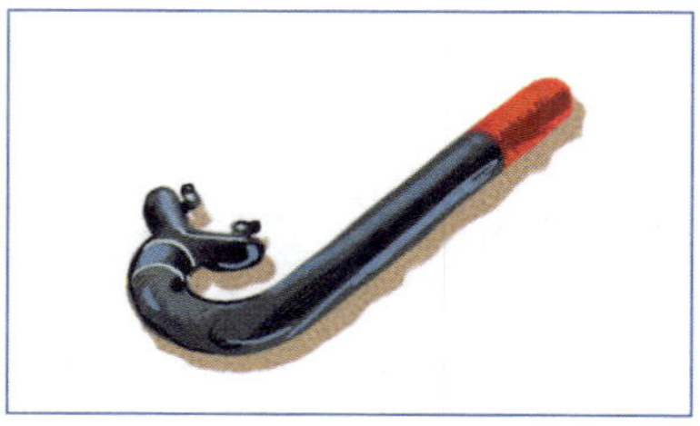

____

____

____

____

____

____

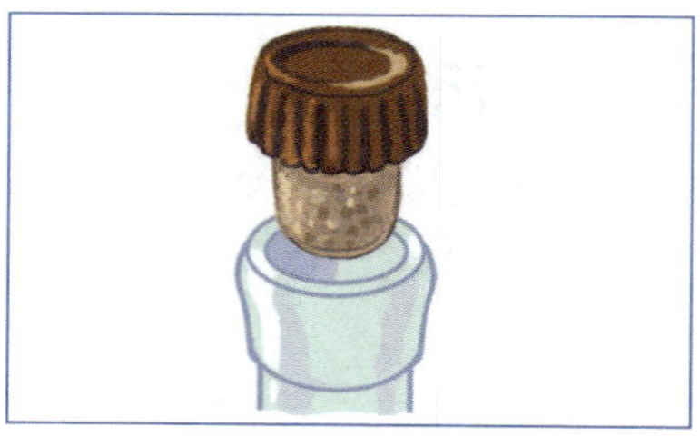

____

____

Trouve le son commun à tous ces mots et **écris**-le : ☐

Si tous les gars du monde

Si tous les gars du monde
Décidaient d'être copains
Et partageaient un beau matin
Leurs espoirs et leurs chagrins

Si tous les gars du monde
Devenaient de bons copains
Et marchaient la main dans la main
Le bonheur serait pour demain

Paul FORT, Extrait de *L'Arlequin de plomb. Nouvelles ballades françaises* © Flammarion, 1936.

Je voulais dans mon cartable

Je voulais dans mon cartable
Emporter mes châteaux de sable,
Mon cerf-volant, des coquillages
Et le portique de la plage.

Maman m'a dit
C' n'est pas permis
Et puis tout ça
Ça n' rentre pas !

Alors j'ai pris un beau stylo
Pour le goûter quelques gâteaux
Et que des choses raisonnables.
Plus trois petits grains de sable !

Pierre RUAUD

Les trésors de Lina et de Jules

Observe les trésors que Lina et Jules ont rapportés de vacances et **réponds** aux questions.

• Où **Lina** a-t-elle trouvé ces trésors ? ______________________

Choisis un objet provenant d'un animal et écris le nom de cet objet : __________

Lina va offrir à Jules la grande plume pour qu'il joue aux Indiens.

C'est une plume de : ☐ pigeon ☐ moineau ☐ goéland

Lina a trouvé de drôles de petits cailloux transparents : **cherche**-les sur la photo.

Ce sont des morceaux d'objets que les vagues ont roulés et usés. En quoi sont-ils ?

☐ en plastique

☐ en verre

☐ en bois

☐ en terre cuite

• Où **Jules** a-t-il trouvé ces trésors ?

____

Écris le nom d'un objet tombé d'un arbre :

____

Jules va offrir à Lina ce qu'il a cueilli pour parfumer le linge. De quelle plante s'agit-il ?

☐ de muguet ☐ de lavande ☐ d'une rose

Jules a trouvé deux morceaux d'écorce. **Montre**-les sur la photo.

La boîte aux trésors

Suis les indications et **fabrique** ta boîte aux trésors.

A. Trouve un couvercle de boîte à chaussures ou bien fabrique une boîte avec un rectangle de carton.

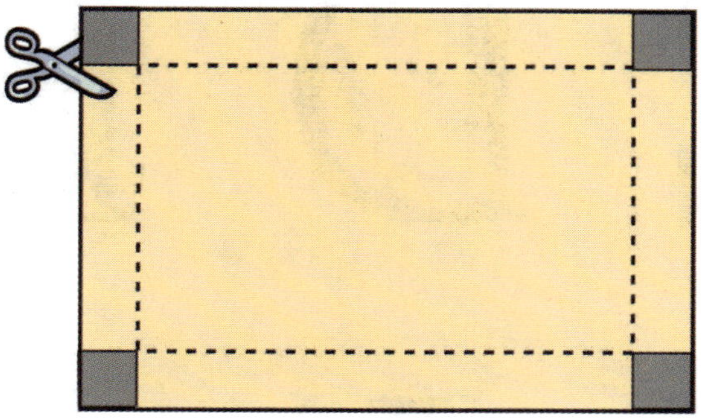

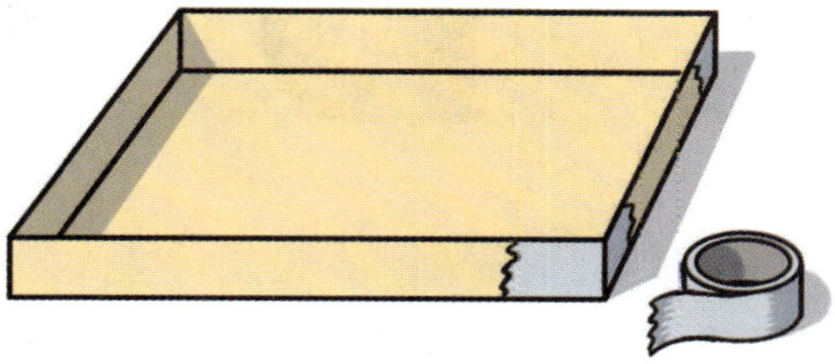

B. Prépare 2 bandes de carton pour faire une croix.
Mesure les dimensions des bandes pour les adapter à la boîte.
Fais une encoche au milieu de chaque bande.

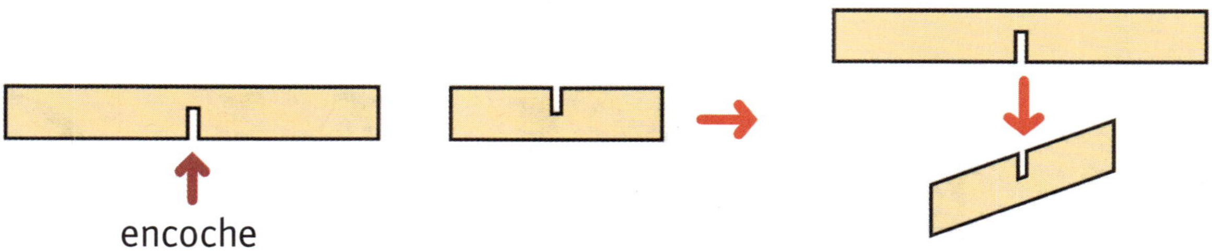

C. Ta boîte est prête. Elle a 4 cases pour présenter 4 sortes de trésor :
- Ceux venant d'animaux.
- Ceux venant de végétaux.
- Ceux qui sont des minéraux.
- Ceux qui sont fabriqués.

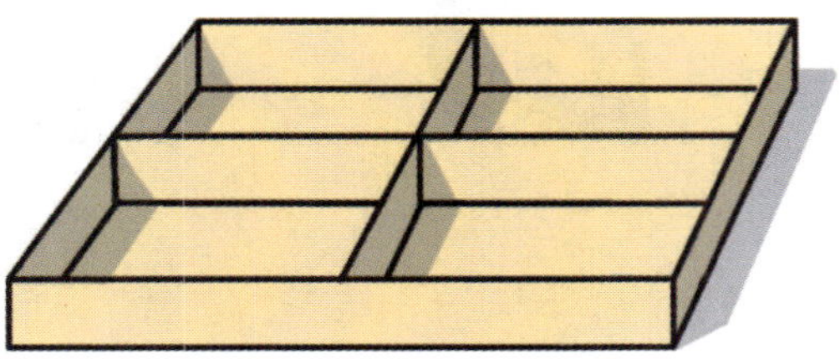

Que penses-tu mettre dans ta boîte ? ______________________________

____

Dessine ce que tu veux mettre dedans à côté de chaque case.

Drôle d'abécédaire !

Le premier jour de classe, Isabel et Carlos ont **écrit** leur **prénom** et l'ont décoré.
Comme eux, **écris** ton prénom sur une feuille et **décore**-le.
Observe ce drôle d'alphabet et **invente** une décoration pour les deux dernières lettres sur une feuille à part.

Un monde qui bouge

Kimamila et le dragon rouge

1 **Observe** la couverture et le titre de l'album. **Imagine** le début de l'histoire et **échange** tes idées avec tes camarades.
Ensuite, **lis** le premier chapitre de l'album.

I
La rencontre

Cette histoire commence dans une forêt très loin d'ici.
Dans la forêt vivent des perroquets, des singes et de drôles d'animaux.

Kimamila ouvre les yeux.
Il se trouve dans une forêt. Il voit des perroquets rouges et bleus dans les arbres. Il voit aussi des singes qui mangent des bananes.
Un petit singe s'approche de lui.
– Qui es-tu ? demande le singe.
– Je suis Kimamila, répond le lutin.
– D'où viens-tu ? demande le singe.
– Je viens d'un autre monde, répond Kimamila. Je viens sur terre pour aider les gens qui ont des problèmes.
– Moi, j'ai un gros problème ! dit le singe. Le dragon rouge va dévorer ma forêt. Et après, il me mangera ! Et toi aussi, il te mangera !

5

2 **Réponds** aux questions.

Quels sont les deux personnages qui parlent dans cette histoire ?

____

Où se situe cette histoire ? ______________________________

D'où vient Kimamila ? ______________________________

Les lettres de l'alphabet

Réfléchissons ensemble.

A. Regarde l'alphabet.

a b c d e f g h i j k l m n o p q r s t u v w x y z

Combien y a-t-il de lettres dans l'alphabet ?

Relève les lettres écrites en rouge. Comment les appelle-t-on ?

____

B. Observe la première lettre dans les mots suivants. Que **remarques**-tu ?

arbre beau dragon feu Kimamila

Je retiens : Les lettres de l'alphabet, dans l'ordre, sont :

____

1 **Complète** les lettres qui manquent en respectant l'ordre des lettres de l'alphabet.

a B c d E F g h i j k L m N o P q r S t u V w x y z

Entoure en rouge toutes les voyelles et **recopie**-les : ______________________________

2 **Remets** les lettres dans l'ordre alphabétique.

a – g – z – b – e ______________ | o – m – i – t – e ______________

3 **Entoure** la première lettre des mots puis **réécris** ces mots en les classant par ordre alphabétique.

village – montagne – banane – forêt – lutin

____

4 **Lis** ces mots. Pour chaque mot, **écris** un autre mot avec les mêmes lettres.

mare ______________ loupe ______________ charme ______________ agile ______________

Remplace chaque lettre par celle qui est juste après dans l'alphabet et **écris** la phrase que cela donne (le z est remplacé par la première lettre de l'alphabet).

m n t r z o o q d m n m r k'z k o g z a d s

____

La rencontre

Rappelons-nous l'histoire de Kimamila et le dragon rouge.

A. Relis ce passage.

Kimamila ouvre les yeux. Il se trouve dans une forêt. Il voit des perroquets rouges et bleus dans les arbres. Il voit aussi des singes qui mangent des bananes.
Un petit singe s'approche de lui.

B. Numérote les images dans l'ordre de l'histoire.

Quelles sont les images qui correspondent au passage ci-dessus ?

1 **Coche** la bonne réponse.

Kimamila vient sur terre pour :

- ☐ découvrir la vie sur terre.
- ☐ aider les gens qui ont des problèmes.
- ☐ apprendre à lire et à écrire.
- ☐ voir des perroquets.

Le singe a peur de :

☐ Kimamila ☐ du dragon rouge ☐ des gens

2 Qui parle ? **Relie** chaque phrase au bon personnage.

Qui es-tu ? ▪

Je viens d'un autre monde. ▪

J'ai un gros problème. ▪

Es-tu sûr de ce que tu racontes ? ▪

Non, je ne veux pas ! ▪

▪ 

▪ 

3 Qui mangera qui ? **Écris** une phrase avec le mot mangera.

Des syllabes et des mots

Réfléchissons ensemble.

A. Observe et compte les syllabes écrites de chaque mot.

lu / tin   é / co / le   grand   sin / ge   i / ma / ge   a / gi / té

Compte maintenant les lettres de chaque mot. Que **remarques**-tu ?

B. Compte les lettres et les syllabes écrites de chaque mot. Que **remarques**-tu ?

épi   chaton   lapin   partout   moto

Qu'est-ce qui est en couleur et pourquoi ?

Je retiens : Les mots sont composés de ____________________

____

1 **Sépare** les mots en syllabes écrites. Exemples : Ki / ma / mi / la – sin / ge

d r a g o n   é l é p h a n t   p r o m e n a d e   b a n a n e

2 **Reconstitue** les trois mots que tu peux faire avec ces syllabes écrites.

tar – ne – a – ti – ni – mon – mal – ta – gne

____

3 **Enlève** la première syllabe écrite dans les mots suivants et **écris** les mots que tu obtiens.

revoir – renverser – redonner – emporter – enlever

____

Trouve les mots suivants dans le tableau : monde – arbre – éléphant – animal – ami.
Colorie-les de couleurs différentes.

é	l	é	p	h	a	n	t
s	a	n	i	m	a	l	i
a	r	b	r	e	a	m	i
n	g	m	o	n	d	e	e

Écris un mot avec les lettres non utilisées :

____

Qu'est-ce qu'une phrase ?

Réfléchissons ensemble.

A. Lis ce texte. Que **remarques**-tu ?

les ouvre Kimamila yeux. Il se trouve dans une forêt avec des singes. Les bananes mangent des singes. Un petit singe s'approche de lui.

Corrige les phrases incorrectes. (Tu peux t'aider de ton livre.)

B. Entoure la phrase qui correspond au dessin.

Le singe **grimpe** sur l'arbre.
Le singe **grimpe** sur le mur.
Le soleil **éclaire** la terre.
La terre **éclaire** le soleil.

Je retiens : Un texte est composé de phrases. Dans une phrase, l'ordre des

____

1 **Lis** ces phrases. Qu'en **penses**-tu ? **Relie** les mots pour faire des phrases correctes et **récris**-les.

Le chat ▪	▪ arrête ▪	▪ un gâteau.
Ma grand-mère ▪	▪ attrape ▪	▪ une voiture.
Un policier ▪	▪ prépare ▪	▪ une souris.

____

____

2 **Récris** la phrase correctement. Le dévorer va ma dragon forêt rouge.

____

3 **Construis** deux phrases différentes avec les mots suivants. Tu peux prendre plusieurs mots dans la même boîte.

Valérie – un ami – un chat – une jeune fille – un film – la voiture de Pierre	arrive regarde appelle	par la fenêtre dans la rue à la télévision dans quelques instants

____

____

Paysages d'Asie

Observe ces documents.

L'Asie est un grand continent à l'est de l'Europe.
Les paysages sont variés. Au sud-est de l'Asie, il y a de nombreuses îles.
Les villes sont très peuplées. On s'y déplace beaucoup en vélo.

▲ Une île des Philippines.

▲ Un quartier pauvre de Djakarta, en Indonésie.

Entoure les mots Europe et Asie.

▼ Le monde et ses continents.

Paysages de France

1 **Observe** ces paysages et **complète** leur légende.

Un paysage de mer

____

____

____

2 Et toi, où ton école se situe-t-elle ? **Fais** un point rouge sur la carte (ou sur le planisphère p. 24) à l'endroit où elle se situe. Ensuite, **complète** le texte.

Mon école se situe à ______________________

____

Autour de mon école, le paysage est ______________________

____

____

Des sons et des lettres : o fermé et o ouvert

Réfléchissons ensemble.

A. Observe les dessins. **Dis** les mots à haute voix. Que **remarques**-tu ?

B. Entoure les dessins si tu entends o comme dans *vélo* ou o comme dans *bol*.

C. Lis ces mots. **Entoure** en rouge ceux dans lesquels tu entends o comme dans *vélo* et en bleu ceux dans lesquels tu entends o comme dans *bol*. Que **remarques**-tu ?

un matelot – une botte – un taureau – un préau – une casserole – un rôti

Je retiens : Le son o comme dans *rose* peut s'écrire : ☐ ☐ ☐ ☐

Le son o comme dans *bol* s'écrit toujours ☐

Lis les mots suivants et **classe**-les suivant la façon dont s'écrit o : une chose – c'est haut un château – une rose – une chaussure – c'est chaud – un couteau – il est gros un mot – un numéro – des journaux – un plateau – de l'eau – sauter – la peau

Écris dans la grille uniquement les mots où tu entends o fermé ou o ouvert.

montagne – jaune – étoile
zéro – coin – promenade
coup – bientôt – corde

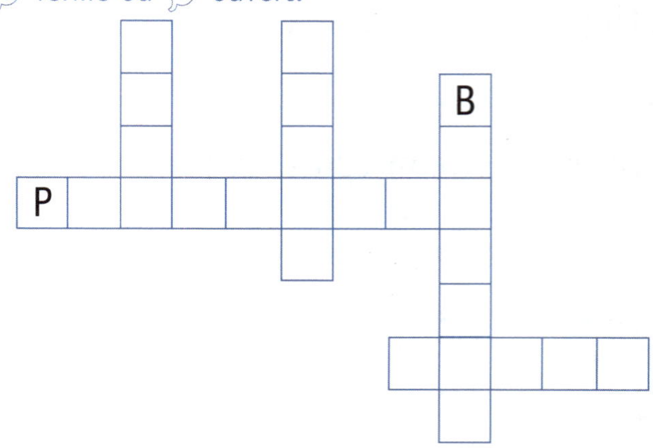

Au secours !

Rappelons-nous l'histoire de Kimamila et le dragon rouge.

A. Relis ce passage.

Kimamila, Milda et le singe courent vers la vallée. La langue du dragon est derrière eux. Elle brûle tout sur son passage.

– Plus vite, plus vite ! crie Milda.

– Au secours ! hurle le singe. Le dragon va nous dévorer !

– Montez dans l'arbre, dit Kimamila.

B. Numérote les images dans l'ordre de l'histoire.

Quelle est l'image qui correspond au début du passage ci-dessus ?

1 Souviens-toi du chapitre 3 de l'histoire. **Complète** par vrai (V) ou faux (F).

La langue du dragon brûle tout sur son passage. ____________

Kimamila sort une flûte de son sac et commence à jouer. ____________

La musique fait très peur à Milda et au petit singe. ____________

L'arbre commence à brûler. ____________

Kimamila appelle des fées pour qu'elles viennent l'aider. ____________

2 Milda, Kimamila et le singe parlent. **Précise** qui parle.

– Plus vite, plus vite ! crie ____________________

– Au secours ! Le dragon va nous dévorer ! hurle ____________________

– Je ne comprends pas ce qui arrive, dit ____________________

3 Remets les mots dans le bon ordre.

au-dessus Kimamila un énorme du oiseau cocotier blanc voit.

____

4 **Écris** la suite de l'histoire : Que vont faire Kimamila, Milda et le singe avec l'échelle de corde ? Seront-ils sauvés ?

____

____

____

Des mots à construire avec o, au, eau

1 **Relie** chaque animal à son petit et **écris** son nom. Exemple :

une souris —  un souriceau

un renard  ______

un éléphant  ______

une chèvre  ______

une baleine  ______

2 **Complète** les listes avec le mot qui convient (attention, il y a un piège) :

un chausson – un sauteur – sauver – réchauffer

une chaussette, chausser, déchausser, ______

un saut, sauter, un sautoir, ______

un chauffage, une chaufferie, chauffer, ______

3 **Complète** les mots avec les terminaisons suivantes : *ot*, *os* et *op* en t'aidant d'un mot de la même famille. Puis **écris** ces mots.

le rep ___ ______ un tric ___ ______

le gal ___ ______ un rob ___ ______

4 **Recompose** les mots. Puis **complète** les phrases avec le bon mot.

Les enfants aiment ______ les frites.

e u b a
o u c p

C'est ______ mon anniversaire.

t i e n
ô t b

5 **Construis** deux phrases selon le modèle : Je vais à la poste – Je vais au cinéma.

______

______

Pour mieux écrire

Réfléchissons ensemble.

A. Souligne chaque phrase d'une couleur différente. Combien y a-t-il de phrases ?

Kimamila est un personnage sympathique. Il connaît beaucoup de monde. Il lui arrive toujours des aventures fantastiques. Ses histoires se terminent bien.

B. Observe ces images et **lis** le petit texte.

La langue du dragon lèche le pied du cocotier l'arbre commence à fumer
Milda et le singe ne peuvent plus descendre ils ont très peur

Pour chaque image, **retrouve** la phrase correspondante.
Que manque-t-il dans le texte ?

Je retiens : Un texte est formé de plusieurs ______________________

Une phrase commence par ______________________

1 **Ajoute** les majuscules qui manquent.

un jour, une famille découvre une drôle de maison. la maison est grande et vieille. le papa et la maman rêvent de l'acheter. ils décident de la visiter. pendant la visite, les deux enfants ont un peu peur.

2 **Ajoute** les points qui manquent.

Toute la famille rentre dans la maison La cuisine est grande et sale Dans le salon, il y a des canapés plein de poussière L'escalier est tout cassé

3 Avec l'aide des images, **écris** quelques phrases sans rien oublier.

____
____
____
____

Les déplacements sur terre : La course, le saut, la marche chez les animaux

En général, les animaux ayant des pattes ont plusieurs **modes de déplacement** : la marche, la course, le saut. Mais tous n'ont pas forcément ces trois **modes de locomotion** !

▲ Tigre d'Asie : la marche.

▲ La course.

▲ Le saut.

Lors du saut, les **membres postérieurs** de l'animal poussent fortement sur le sol. Ils provoquent une extension du corps vers le haut.
La course est en fait une série de bonds successifs.

1 **Observe** ce que chaque animal est en train de faire. **Écris** les bonnes lettres.

Animaux qui sautent : ________ qui marchent : ________ qui courent : ________

2 ✎ **Choisis** deux animaux. Puis, sur ton cahier, **décris** leurs mouvements en utilisant les mots **pattes postérieures, pattes antérieures, détente, appui...** et en précisant la position de leur corps.

Nous aussi, nous marchons, nous courons, nous sautons...

Les mouvements sont possibles grâce aux **os**, aux **muscles** et aux **articulations**.
Cela nous permet de marcher, de courir, de sauter, de nager...
Notre corps se compose d'os et de muscles, le tout recouvert de peau.
Les os forment notre **squelette**. Ils sont durs et résistants.

▲ Le saut (décomposition du mouvement).

◀ ____________

▲ ____________

Écris les légendes qui manquent.
Observe la première image. Quelles sont les parties du corps en mouvement lors du saut ?

Des sons proches

Réfléchissons ensemble.

A. Observe les dessins et **dis** les mots. Que **remarques**-tu ?

B. Dis ce qui convient.

Je prends une touche *ou* une douche.
Il faut faire attention aux arêtes de poisson *ou* de boisson.
Il boit un fer *ou* un verre de jus de fruit.

Je retiens : Il y a des lettres qui ______________________

Il ne faut pas confondre certaines lettres qui ont des sons proches :

p	et	b	Exemple : un pas / un bas
t	et	d	Exemple : ______________________
f	et	v	Exemple : ______________________

1 Complète les mots avec la lettre qui convient.

t *ou* d	p *ou* b	f *ou* v
une bou__ique	une pou__elle	un ca__alier
un ca__eau	un ha__it	une cou__erture
un __rapeau	un trem__lement	une cara__e

2 Écris tous les mots que tu peux former avec ces syllabes.

	belle		fi		vert
pou	pée	ra	vi	cou	fer
	bée		té		per

____

3 Recompose les mots. **Complète** les phrases avec les bons mots.

Le chat attrape une souris ____________ la manger. (o r u p)

Le chat est parti ____________ la fenêtre. (r a p)

Écris les mots qui correspondent aux images.

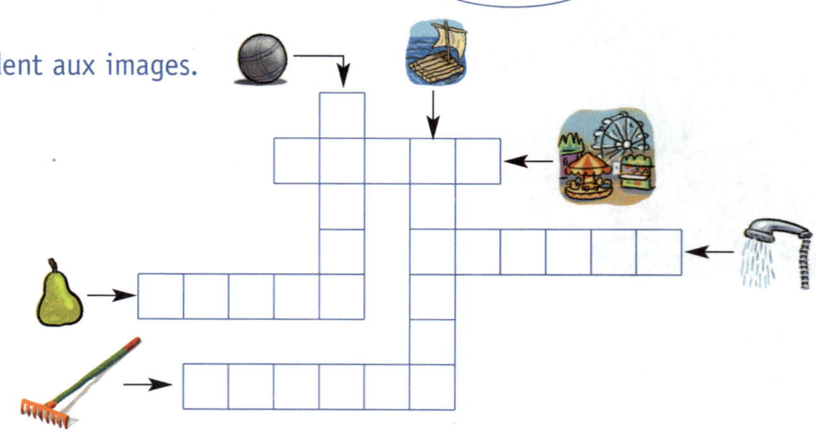

Des syllabes, des consonnes et des voyelles

Réfléchissons ensemble.

A. Prononce la première syllabe de chaque mot. **Précise** la place de la voyelle dans ces syllabes. Que **remarques**-tu ?

carton	provoquer	blaguer	calcul
cravate	porter	balcon	classer

B. Choisis les bonnes syllabes.

for fro 

pla pal 

bor bro 

tar tra 

Je retiens : Il ne faut pas confondre les syllabes formées de [c] [c] [v] et celles formées de [c] [v] [c]. Exemple : bro et ______ ou pra et ______ .

1 Lis les mots et **classe**-les en regardant la première syllabe de chaque mot :

une partie – une prune – un trajet – un dromadaire – une bordure – une corde

consonne consonne voyelle	consonne voyelle consonne
______	______
______	______

2 Complète le mot avec la bonne syllabe.

for – fro la ______ ce   pla – pal un ______ teau   tar – tra un ______ vail

3 Enlève la première syllabe de chaque mot. Si le reste du mot a un sens, **écris**-le.

prévoir   prévenir   prédire   précipiter   préchauffer

______

Trouve dans le tableau les mots écris en gras : un **autre** jour – **partout** dans la ville **alors** il est parti – **près** de moi – **très** grand – **sur** la table.

p	r	è	s	t	r	è	s
p	a	r	t	o	u	t	t
a	l	o	r	s	s	u	r
o	r	a	u	t	r	e	p

______

______

______

______

Colorie-les, puis **écris**-les à côté du tableau.

Ensuite, **trouve** un mot avec les lettres qui restent et **fais** une phrase avec ce mot.

______

Les catastrophes

Séismes, éruptions volcaniques, inondations, raz de marée sont des catastrophes naturelles. Les dégâts peuvent être particulièrement importants et parfois de nombreuses personnes peuvent y perdre la vie.

▼ Un raz de marée

Le raz de marée, appelé aussi **tsunami**, peut survenir suite à un séisme. Une **gigantesque vague**, parfois plus haute qu'un immeuble de six étages, s'abat sur le rivage.

1 En t'aidant des informations des deux pages, **écris** le nom de la catastrophe naturelle.

De l'eau a envahi les rues, certains habitants ont dû quitter leur maison, aidés par les pompiers. C'est ____________________

À 5 heures du matin, tout s'est mis à bouger, les murs des maisons ont tremblé et un immeuble s'est effondré. C'est ____________________

2 **Écris** vrai (V) ou faux (F).

Le raz de marée arrive après une inondation. ____

Un séisme est un tremblement de terre. ____

Les catastrophes naturelles peuvent provoquer des dégâts importants. ____

naturelles

Une inondation ▶

Suite à de très fortes pluies, le niveau de l'eau monte et **les rivières sortent de leur lit**. L'eau recouvre alors tout sur son passage.

Un séisme

Il arrive que **la terre tremble** et provoque de graves dégâts. On appelle cela un séisme.

▼

▲ Une avalanche

Lorsqu'une grosse **plaque de neige se détache**, elle dévale la pente à toute vitesse, arrachant tout sur son passage.

3 Parmi les catastrophes citées, quelle est celle dont la présentation est la suivante :

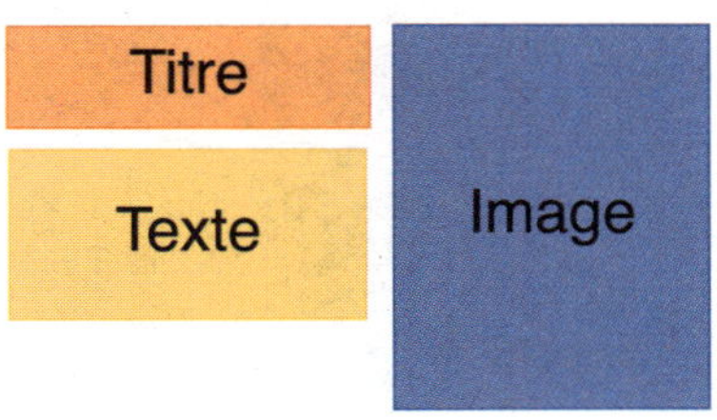

C'est ______________________

4 Sur ton cahier du jour, **présente** les informations suivantes (pense au titre, aux majuscules, à souligner ce qui te paraît important et à illustrer par une photo ou un dessin) :

Lorsqu'un volcan entre en activité, de la lave s'écoule sur les pentes, des cendres sont projetées et forment d'épais nuages.
L'éruption volcanique

Des mots et des phrases

1 **Construis** des phrases en choisissant des noms et des verbes dans la malle aux mots.

habitant – voisin – campeur – touriste – montagnard – citadin

vivre – habiter – occuper – loger – demeurer – séjourner

maison – tente – appartement – immeuble – caravane – chalet – cabane

2 Ton voisin choisit un personnage ou un objet et te **dit** où il se situe dans l'image en utilisant les mots de la liste. **Devine** quel est ce personnage ou cet objet.

derrière
devant
sur
sous
au-dessus
au-dessous
à côté
près de
entre...

Décrire une peinture

3 **Observe** cette peinture. **Décris** ce que tu vois en construisant des phrases. Tu peux utiliser des mots de la liste ci-dessus.

Éruption du Vésuve, 1767.

Au fil du temps

Une partie de cache-cache

1 **Écoute** l'histoire *Une partie de cache-cache*. **Lis** cette bande dessinée. Que fait Jules ? Pourquoi ?

2 **Entoure** tous les objets qui servent à mesurer le temps. Que **sais**-tu des autres objets ?

Le son (é)

Réfléchissons ensemble.

A. Entoure les images quand tu entends (é).

B. Lis les mots suivants et **recopie** sur ton ardoise ceux où tu entends (é).

un trésor – commencer – du sel – une télévision – vous mesurez – une semaine
un nez – une flèche – chez toi – assez bien – une fenêtre – vous marchez

Relève toutes les façons d'écrire le son (é).

C. Entoure dans les mots suivants les différentes façons dont le sont (é) s'écrit.

vous donnez – une étoile – vider – manger – vous attrapez – préparer – la vérité
le nez – un boucher – une épine – le cinéma – la poésie

Je retiens : Le son (é) peut s'écrire : ☐ ☐ ☐

⚠ les – des – ces – mes – tes – ses

1 Classe ces mots suivant la façon dont le son (é) est placé dans le mot : un trésor – chanter
le cinéma – un marché – le papier – une épine – vous parlez – une étoile

(é) **en début de mot**	(é) **en milieu de mot**	(é) **en fin de mot**
______	______	______
______	______	______

Que **remarques**-tu pour les mots dont le son (é) s'écrit *ez* ou *er* ?

2 Recopie seulement les mots où tu entends (é).

une perle – merci – appeler – il parlera – il fera – une ferme – donner
une cerise – de l'herbe – un boulanger – un dîner

____

Change une lettre à chaque ligne pour obtenir le dernier mot. **Écris** chaque mot.

s	o	r	t	e	z
p	a	r	l	e	z

Vous sortez
Vous ______
Vous ______
Vous ______

Que remarques-tu ? ______

Le temps ne s'arrête jamais

1 Lis ce texte.

• As-tu remarqué que le temps ne s'arrête jamais ?

Il passe parfois trop vite. Tu voudrais l'arrêter. Souviens-toi d'un jour, à l'occasion d'une fête chez un ami. Tu as été étonné de voir arriver la personne qui venait te chercher. Il fallait déjà se séparer. Il était l'heure de rentrer. Tu aurais bien aimé ralentir le temps.

• Parfois, au contraire, le temps n'avance pas. Rappelle-toi d'un voyage qui te paraissait long, trop long, ou d'un film qui ne t'intéressait pas. Le temps semblait ne pas s'écouler. Tu aurais voulu l'accélérer.

• Le temps s'écoule régulièrement quoi qu'il arrive. Mais chaque personne perçoit le temps différemment. C'est pourquoi les hommes ont cherché à le mesurer précisément. Ils ont découpé le temps en heures, minutes et secondes. Et c'est bien utile…

2 Réponds aux questions selon tes habitudes.

Combien d'heures environ dors-tu ? ______________________

Combien de minutes environ dure ton petit déjeuner ? ______________________

Combien de secondes environ te faut-il pour boire un verre d'eau ? ______________________

3 Relie la durée et l'événement.

3 minutes ▪	▪ C'est la durée d'une mi-temps d'un match de football.
20 minutes ▪	▪ C'est le temps de cuisson d'un œuf à la coque.
45 minutes ▪	▪ C'est la durée d'un cours de sport.
1 heure ▪	▪ C'est le temps d'une récréation.

4 Lis le programme de télévision et **réponds** aux questions.

• À quelle heure commence le journal ? ______________________

• Quand se termine l'émission *Bonjour à tous* ? ______________________

• Quelle émission dure une heure ? ______________________

• Il est 9 h 30. Que peux-tu regarder ? ______________________

• Il est 10 h 30. L'émission *Au bout du monde* a commencé depuis ______________________ minutes.

Mercredi 5 octobre	
8.30	**Bonjour à tous**
9.00	Le journal
9.30	**Quoi de neuf ?**
10.00	**Au bout du monde**
11.00	**Les recettes du jour**
11.30	Les sports
12.00	La météo

Des mots à construire

1 **Relie** les mots de la même famille et **trouve** ceux qui manquent.

un chanteur ▪	▪ danser	une pâtisserie ▪	▪ un pâtissier
un danseur ▪	▪ chanter	une boulangerie ▪	▪ un boucher
un porteur ▪	▪ chercher	une épicerie ▪	▪ un boulanger
________ ▪	▪ ________	________ ▪	▪ ________

Choisis un des mots trouvés pour écrire une phrase.

____

2 **Observe** et **continue** comme le modèle : une fumée → fumer → vous fumez

une pensée ________ ________

une pesée ________ ________

une montée ________ ________

3 **Lis** ces phrases. Puis **écris** deux phrases avec le mot et.

Léo **et** Léa s'amusent. Ils courent **et** ils sautent.

____

____

4 **Compose** deux mots avec ces lettres et **écris** une phrase avec l'un de ces mots.

é à j c z d e h ________ ________

____

1 **Complète** les phrases avec les mots donnés et **remplis** la grille :

déjà – premier – dernier – chez

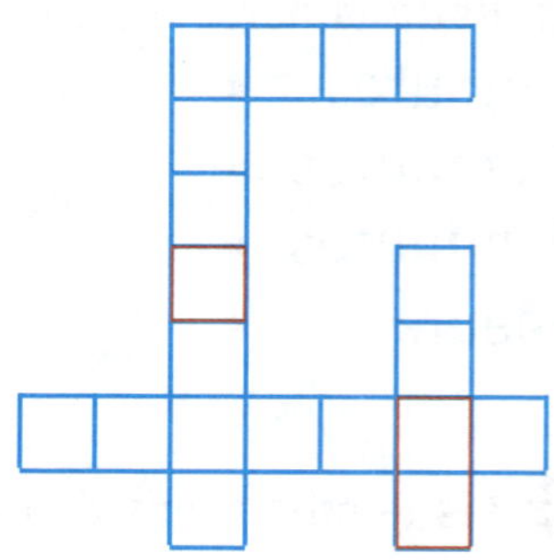

Décembre est le ________ mois de l'année.

Il fait ________ nuit dehors.

Mon oncle habite ________ moi en ce moment.

Janvier est le ________ mois de l'année.

Quel mot **trouves**-tu avec les lettres dans les cases rouges ? **Écris**-le. ________

2 **Réponds** aux questions en écrivant une phrase.

Où cueille-t-on des pêches ? Sur un *pêcher* ou sur un *perchoir* ?

____

L'arbre sur lequel pousse les poires est un *poireau* ou un *poirier* ?

____

Différents points

Réfléchissons ensemble.

A. Lis ce passage de l'histoire entendue en classe. À quel moment de l'histoire se situe-t-il ?

Les quatre enfants sont bien embêtés. Comment faire pour que Jules ne compte ni trop vite ni trop lentement ? Ils réfléchissent...
– Il faut trouver quelque chose qui mesure le même temps, que ce soit avec Jules, Célia, Léo ou avec moi, dit Lina.
– J'ai trouvé ! s'écrie Léo. On va prendre un sablier !
– Un sablier, qu'est-ce que c'est ? demande Jules.

B. Recherche les phrases qui posent une question. Que **remarques**-tu à la fin de ces phrases ?

C. Relis ces deux phrases à voix haute.

– On va prendre un sablier !
– Un sablier, qu'est-ce que c'est ?

Lis-tu ces deux phrases de la même manière ? **Entoure** les points qui sont en fin de phrase. Comment appelle-t-on ces différents points ?

D. Réponds aux questions.

Dans le texte, combien y a-t-il de points différents ? ☐
Il y a différents points à la fin des phrases. Quel est le point que l'on rencontre le plus souvent dans un texte ? ☐

Je retiens : Il y a différents points en fin de phrase :

le point [.] — le point d'exclamation [!]
le ______________ [?] — les ______________ [...]

1 **Complète** chaque phrase avec le point qui convient.

Que fais-tu ce soir après l'école ____
As-tu pris ton petit déjeuner ____
Je serai à la maison à 8 heures ____
Oh, un arc-en-ciel ____
À la fête du village, j'ai rencontré mes amis ____

2 **Observe** ces deux images et **écris** une phrase qui correspond à la situation des personnages qui parlent. **Utilise** un point d'exclamation et un point d'interrogation.

____
____
____

____
____
____

Objets d'hier et d'aujourd'hui pour mesurer le temps

Reconnais-tu ces objets ? Comment fonctionnent-ils ?
Colorie en orange les pastilles des objets mesurant une durée et en vert les pastilles de ceux indiquant l'heure.
Recopie le nom de chaque objet sous l'image qui lui correspond.

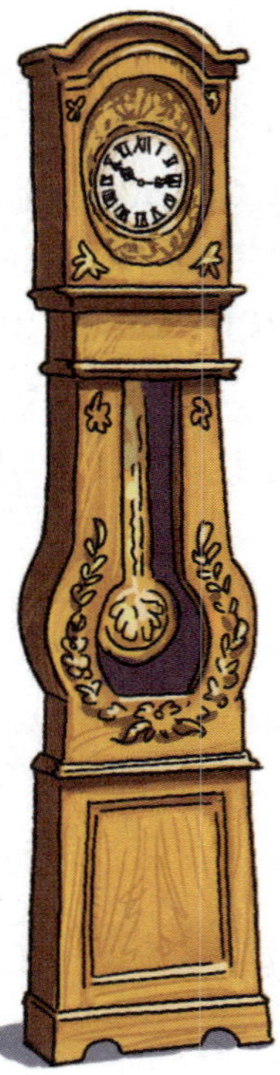

Les instruments de mesure du temps

1 **Lis** ce texte.

■ **Le cadran solaire :** La première façon de se repérer dans le temps a été d'observer l'ombre d'un bâton : en effet, l'ombre change d'orientation au cours de la journée.

■ **L'horloge à eau**, appelée **clepsydre**, a été créée il y a environ 5 000 ans. On utilise un récipient gradué, percé d'un trou au fond. On remplit le récipient d'eau et on mesure la durée de l'écoulement de l'eau.

■ **Le sablier** a été inventé il y a 800 ans. Il fonctionne sur le même principe que l'horloge à eau. On remplace l'eau par du sable.

Aujourd'hui, dans certaines familles, le sablier est encore utilisé pour la cuisson des œufs à la coque.

L'horloge à eau ou le sablier n'étaient ni très précis, ni très pratiques.

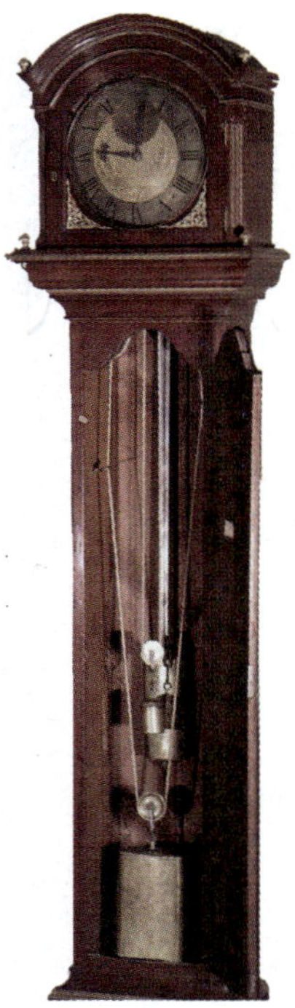

■ Il y a 600 ans, les hommes ont inventé la première **horloge mécanique**. Un poids est accroché au bout d'une fine corde. Ce poids descend progressivement, libérant petit à petit l'aiguille qui tourne.

■ Les hommes ont alors cherché à trouver un mécanisme beaucoup plus petit. Dans **une montre** ou **un réveil**, le poids est remplacé par un ressort.

Aujourd'hui le ressort peut être remplacé par le quartz.

Peu à peu, la mesure du temps est devenue de plus en plus précise.

2 À l'aide du texte, **dessine** les objets qui manquent sous les bonnes périodes.

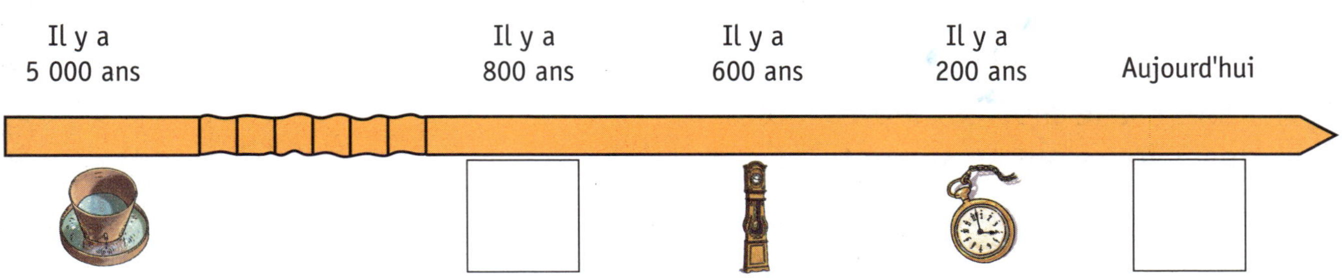

Le son (s)

Réfléchissons ensemble.

A. Entoure les images quand tu entends (s).

B. Lis ces mots où tu entends (s). Que **remarques**-tu ?

la vitesse – un sablier – remplacer – une punition – un garçon
une réponse – un citron – une chanson – une boisson – une tasse

C. Souligne les mots où tu entends (s). **Entoure** la première lettre qui suit le c qui s'entend (s). **Dis** quelles sont ces lettres.

un cinéma – un cirque – un café – un cercle – un couteau – un acrobate
cinquante – un cygne – un cartable – cinq – une cerise – une clé

D. Entoure la lettre qui précède et celle qui suit les deux s. Que **remarques**-tu ?

une bosse – un coussin – un costume – une chanson – un poisson

Je retiens : Le son (s) peut s'écrire ☐ ☐ ☐ ☐ ☐

Les lettres qui suivent le **c** qui se dit (s) sont toujours : ☐ ☐ ☐

Avant et après deux **s**, il y a toujours des ____________________

⚠ une pi**sc**ine – de**sc**endre

1 **Classe** les mots suivant la façon dont s'écrit le son (s).

un glaçon – une opération – un sucre – une poste – une casserole –
un cinéma – un poisson – une place – une réponse – une adresse

s	ss	__	__	__
________	________	________	________	________
________	________	________	________	________
________	________	________	________	________

2 **Complète** avec s ou ss les mots suivants.

la re____piration un pou____in une bro____e une li____te

Réponds aux questions et **place** les mots dans la grille.

1. Quel est le nombre juste avant 7 ?
2. Et celui juste après 15 ?
3. Quel est l'animal qui ressemble le plus à l'homme ?
4. Quel est le mot qui représente les 7 jours qui se suivent ?
5. Qu'est-ce qui peut donner plus de goût à la nourriture ?

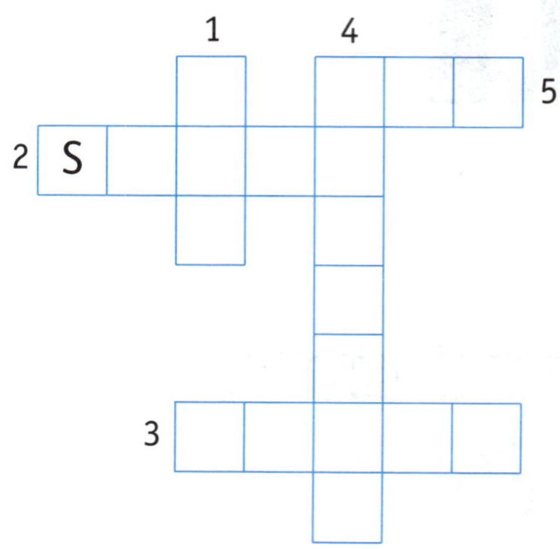

L'anniversaire de Léo

1 **Lis** cette bande dessinée.

2 **Réponds** aux questions.

Combien y a-t-il de vignettes dans la bande dessinée ? ____________

Ces vignettes sont-elles toutes de la même taille ? ____________

Dans quel ordre doit-on les lire ? Numérote-les. ____________

Comment fait-on parler les personnages ? ____________

Que nous indique la bulle de la deuxième vignette ? Est-ce que Jules parle ?

____

Quels renseignements nous donnent les bandeaux des vignettes 4, 6 et 7 ?

____

Des mots à construire

1 **Relie** les mots de la même famille et **complète** avec les mots qui manquent.

un acteur ▪	▪ une directrice	un commerçant ▪	▪ une balance
un directeur ▪	▪ une monitrice	un glaçon ▪	▪ un commerce
un animateur ▪	▪ une animatrice	un limaçon ▪	▪ une limace
____________ ▪	▪ ____________	____________ ▪	▪ ____________

Choisis un des mots que tu as trouvés et **fais** une phrase avec ce mot.

____

2 **Complète** comme le modèle : avancer → il avance → nous avançons

commencer ____________ ____________

placer ____________ ____________

balancer ____________ ____________

3 **Recompose** deux mots avec les syllabes écrites suivantes. Puis **complète** les phrases.

sur – voi – tout – ci

____________ un cadeau pour ton anniversaire.

____________ ne fais pas de bruit, bébé dort.

4 **Écris** une phrase avec le mot sous. *Exemple :* Le livre est tombé sous la table.

____

Réponds aux questions et **colorie** dans la grille les mots que tu as trouvés.

Comment appelle-t-on la personne qui vend des fleurs ? ____________

Comment appelle-t-on la personne qui joue du piano ? ____________

Comment appelle-t-on la personne qui soigne les dents ? ____________

Comment appelle-t-on la personne qui joue du violon ? ____________

f	d	e	n	t	i	s	t	e	t	s
l	f	l	e	u	r	i	s	t	e	i
û	v	i	o	l	o	n	i	s	t	e
t	p	i	a	n	i	s	t	e	e	

Trouve le nom d'une personne avec les lettres qui restent. Que fait-elle ?

____

Phrases longues et phrases courtes

Réfléchissons ensemble.

A. Écris sur ton ardoise ou ton cahier des phrases différentes en choisissant parmi ces étiquettes.

pour Léo	une surprise	ont préparé	à la maison	Jules et Lina

Trouve la phrase la plus petite possible. **Relève** toutes les informations que tu as supprimées. Quelles informations avais-tu en plus ?

B. Lis ces trois phrases.

Lina a invité une amie.
Après l'école, Lina a invité une amie.
Après l'école, Lina a invité une amie pour le goûter.

Ces trois phrases parlent-elles de la même chose ?
Souligne toutes les informations que la troisième phrase donne en plus.

Je retiens : Une phrase peut être plus ou moins ______________ .
Une phrase longue donne plus d' ______________ .

1 **Supprime** tous les groupes de mots possibles dans chaque phrase et **recopie** la phrase. Attention, la phrase doit rester correcte.

Les amis préparent un gâteau dans la cuisine.

____

Chaque matin, le facteur dépose le courrier.

____

Au bord de la mer, Pierre a ramassé des coquillages avec des amis.

____

2 **Déplace** un groupe de mots dans chaque phrase et **réécris** la phrase, qui doit rester correcte.

Le lundi matin, les élèves contrôlent leur matériel scolaire.

____

Rémi met ses tennis et son short dans un sac de sport.

____

3 **Agrandis** la phrase le plus possible. **Aide**-toi de l'image.

La petite Sophie joue.

____

____

____

Faire parler un personnage (1)

Réfléchissons ensemble.

A. Lis ce passage de l'histoire racontée.

Le lendemain, juste après le repas de midi, Jules file dans la cuisine pour prendre une tablette de chocolat. Il dit à sa sœur : « Je pars faire une enquête pour savoir ce qui s'est passé hier avec notre bonhomme en chocolat. » Jules va dans le jardin, il ouvre le parasol et s'installe en tailleur sur la table. Il pose la tablette de chocolat devant lui, bien décidé à lever le mystère. Sa sœur lui dit alors : « Tu sembles bien courageux… ».

B. Recopie dans la bulle ce que dit Jules à sa sœur.

Je retiens : Dans un texte, pour faire parler un personnage, on écrit ce qu'il dit entre des ______________ .

1 Recopie dans la bulle ce que dit le clown.

Sur la piste du cirque, Saucisson fait son numéro : il arrive, dit bonjour aux enfants et tombe sur le sol, à cause de ses chaussures beaucoup trop grandes. Le public éclate de rire.

2 Écris dans les bulles ce que disent les différents personnages.

Faire parler un personnage (2)

1 **Observe** cette image et **rappelle**-toi l'histoire. **Complète** le texte. Attention, n'oublie rien.

Tout à coup, Jules entend un bruit de pas juste derrière lui. Quelqu'un marche. Quelqu'un ou... quelque chose.
Quelque chose qui respire fort... quelque chose qui fait trembler la table !
Jules se retourne brusquement et découvre... son chien qui essaie de monter sur la table !
Le petit garçon crie :

2 **Ajoute** les guillemets au bon endroit dans les deux textes.

Un jour, la maman des sept biquets doit partir faire des courses au marché. Avant de s'en aller, elle fait des recommandations à ses enfants : Surtout, vous n'ouvrez à personne. Le grand méchant loup pourrait vous manger.
La maman prend son panier et ferme bien la porte derrière elle.

Paul dort profondément quand le réveil sonne de très bonne heure.
Paul s'étire, il regarde l'heure et dit : Oh, non ! Il faut se lever !
Courageusement, il sort de son lit et il s'habille. Il va rejoindre ses parents qui l'attendent dans la cuisine. En arrivant, il entend : Bonjour ! As-tu bien dormi ? Es-tu prêt pour partir en vacances ?

3 **Observe** cette image. **Écris** une petite histoire en **faisant** parler ton personnage.
De qui s'agit-il ? Où est-il ? Que fait-il ? Que dit-il ?

Comment représenter le temps qui passe ?

Observe ces documents.

A **Une année**

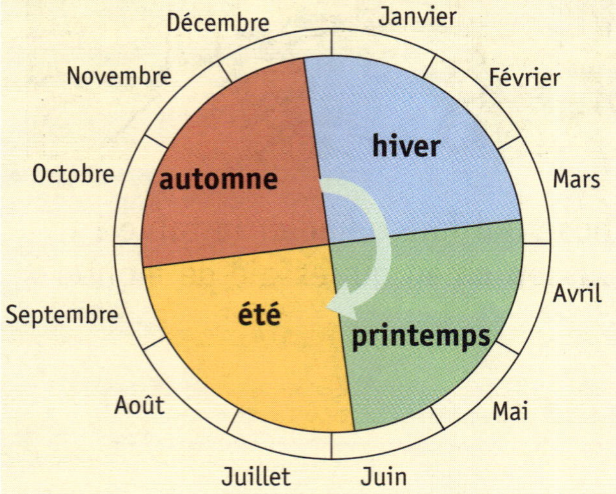

B **Calendrier des trois premiers mois de l'année 2006**

Janvier

sem.	Lu	Ma	Me	Je	Ve	Sa	Di
52							1
1	2	3	4	5	6	7	8
2	9	10	11	12	13	14	15
3	16	17	18	19	20	21	22
4	23	24	25	26	27	28	29
5	30	31					

Février

sem.	Lu	Ma	Me	Je	Ve	Sa	Di
5			1	2	3	4	5
6	6	7	8	9	10	11	12
7	13	14	15	16	17	18	19
8	20	21	22	23	24	25	26
9	27	28					

Mars

sem.	Lu	Ma	Me	Je	Ve	Sa	Di
9			1	2	3	4	5
10	6	7	8	9	10	11	12
11	13	14	15	16	17	18	19
12	20	21	22	23	24	25	26
13	27	28	29	30	31		

C **Calendrier de l'année 1854**

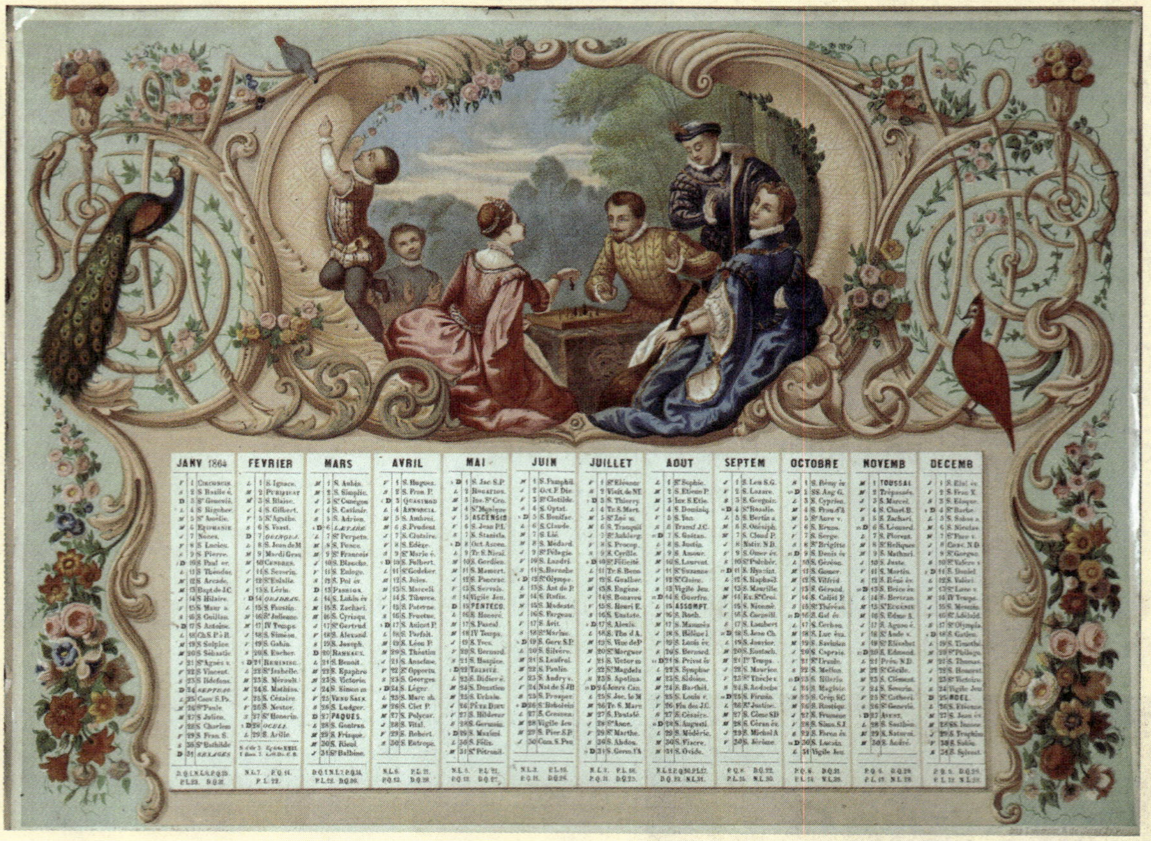

On peut représenter **le temps** sous forme d'**une ligne**, d'**une bande** ou d'**un tableau.** Mais certains schémas représentent le temps sous forme d'**un cercle** : on appelle cela **un cycle.** Une fois les différentes étapes d'un cycle terminées, un autre cycle « identique » recommence (document A).

Comment représenter une succession d'actions ?

A **L'ombre du parasol**

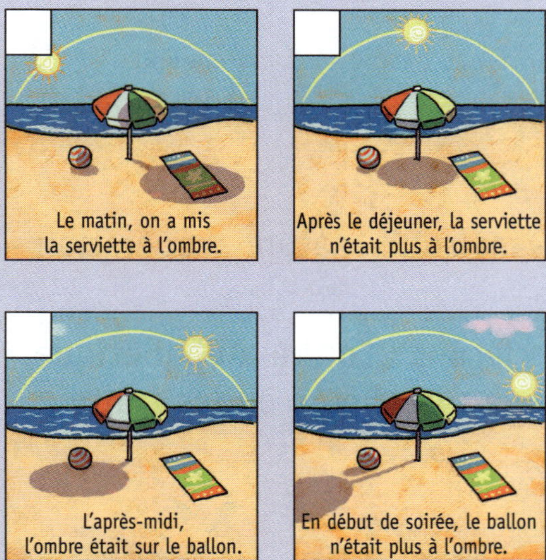

B **Construisons un sablier**

1 **Document A : Numérote** les images dans l'ordre de lecture.

2 **Document B : Numérote** les images dans l'ordre de lecture.
Pourrait-on représenter les différentes étapes de construction sur un cercle ? Pourquoi ?
Recherche une autre manière de représenter les étapes d'une manipulation.

3 **Observe** les dessins. **Numérote** le texte dans l'ordre de la réalisation. **Souligne** les mots qui t'ont aidé.

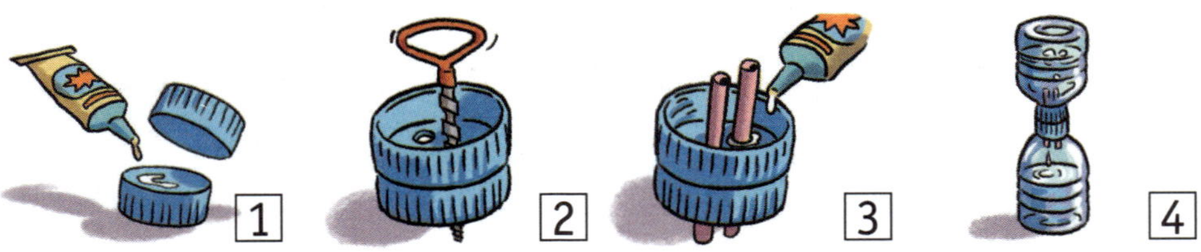

Liste du matériel
2 bouteilles
De la colle forte
2 morceaux de paille
Une vrille
De l'eau

☐ Ensuite, introduis deux morceaux de paille et colle-les avec la colle forte.
☐ Au début, colle les deux bouchons l'un contre l'autre.
☐ Enfin, ajoute un peu d'eau dans une bouteille et visse les 2 bouteilles sur leur bouchon.
☐ Puis, fais deux trous l'un à côté de l'autre dans les bouchons avec une vrille.

Connais-tu d'autres mots qui permettent de se repérer dans le déroulement des actions ? Écris-les : ______________________

4 **Écris** un texte avec les mots trouvés dans l'exercice 3 pour expliquer le document B.

____

____

____

Classer des mots

Réfléchissons ensemble.

A. Classe les mots qui vont ensemble en trois colonnes sur ton ardoise ou ton cahier.

une montre – un stylo – un camion – un feutre – un autobus – un réveil
une horloge – un crayon – une voiture

Aide-toi du début de chaque liste : une montre – un stylo – un camion

B. Colorie les mots de la même famille avec la même couleur. Tu as besoin de trois couleurs.

un fleuriste – une ombrelle – une fleur – chanter – une ombre – une chanteuse

C. Lis les mots suivants et **dis** comment ils sont classés.

abricot – **b**ateau – **c**aramel – **d**omino | lune – maison – nature – opération

Je retiens : On peut classer les mots de différentes façons : l'**ordre alphabétique**, *exemple* : **a**vion, **b**allon ; les **catégories**, *exemple* : les fleurs ou les fruits ; les **familles de mots**, *exemple* : fleur, fleurir, ______

1 **Retrouve** et **écris** les mots de la même famille.

une ligne – un habitant – surligner – un jongleur – habiter – souligner – une habitante – jongler – aligner – une habitation – le jonglage

2 **Classe** ces mots dans l'ordre alphabétique, comme tu pourrais les trouver dans le dictionnaire.

biberon, camion, ananas, dimanche | machine, soldat, oiseau, poisson

3 **Classe** les mots suivants.

un boucher – un tracteur – un camion – un épicier – un chien – un chat
un autocar – un boulanger – un canari

4 **Complète** chacune des listes avec les mots suivants :

un fauteuil – une chaussure – une danseuse – une chemise

une chaussette, un chausson, se chausser, ______
danser, un danseur, la danse, ______
un banc, un tabouret, une chaise, ______
un pantalon, une robe, une chaussette, ______

Atelier langage

Des mots et des phrases

1 **Construis** des phrases en utilisant les expressions de temps de la malle aux mots.

hier – autrefois – la semaine dernière – lundi dernier – il y a des années

en ce moment – dans l'instant – aujourd'hui – maintenant – actuellement

bientôt – demain – plus tard – rapidement – dans quelques années

2 **Regarde** ces images. **Raconte** ce qui s'est passé hier, ce qui se passe maintenant. **Dessine** et **raconte** ce qui se passera ce soir.

Hier

Maintenant

Ce soir

Décrire des images

3 **Regarde** ces images représentant des moyens de transport. **Raconte** ce que tu vois. **Utilise** les mots autrefois, avant, bientôt, dans le futur…

▲ Une diligence au XIXe siècle.
Dame Blanche, 1840, Auguste Raffet.

Une voiture futuriste. ▶

La journée du soleil

1 **Complète** le dessin de la boussole et les initiales dans les carrés. **Colorie** le soleil du matin et l'ombre correspondante.

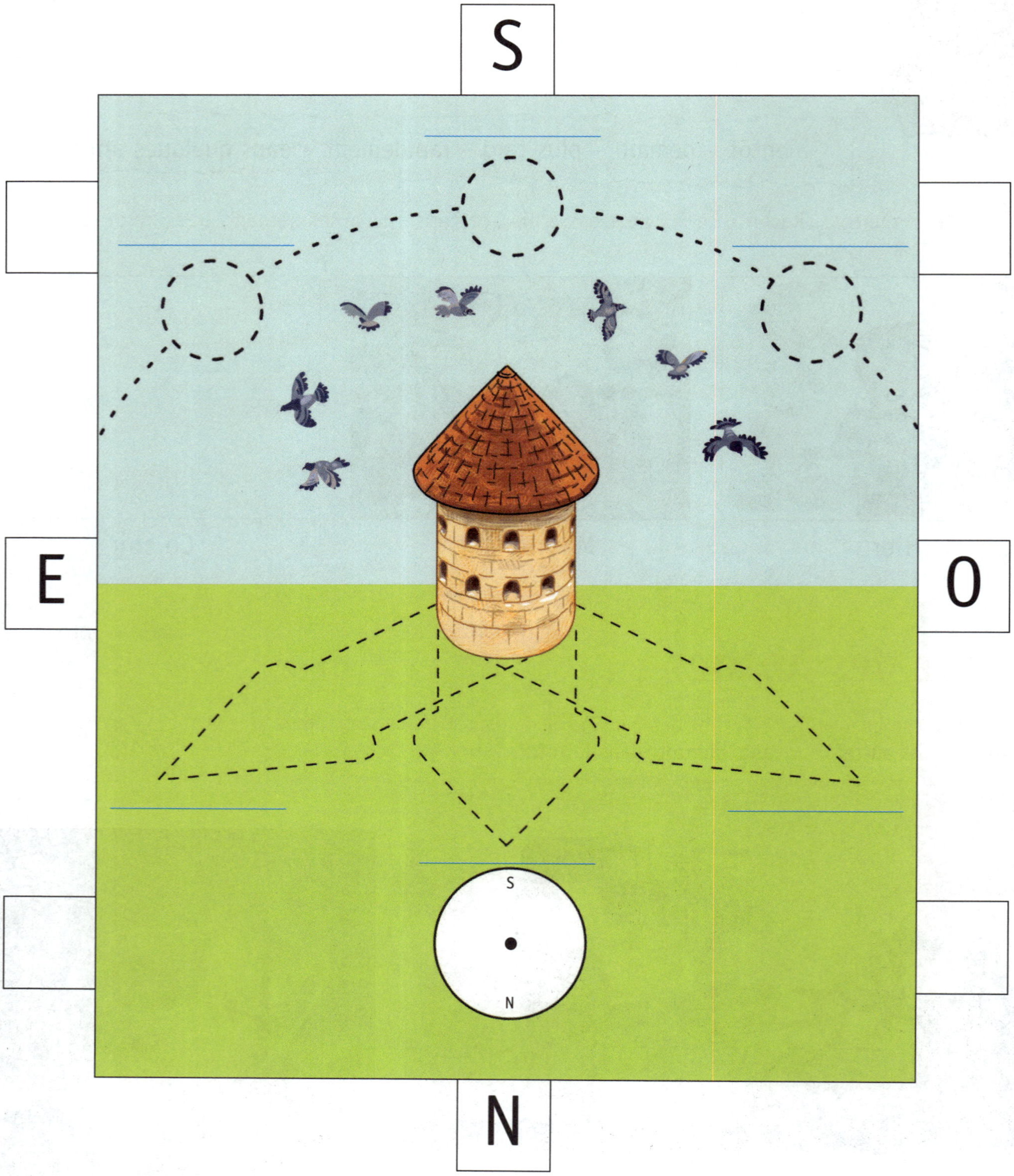

2 **Écris** les moments de la journée. **Fais** une phrase pour décrire le « chemin » du soleil et celui de l'ombre du pigeonnier.

Qu'avons-nous expérimenté ?

■ Nous avons fabriqué des **sabliers** pour mesurer des durées.
– Nous avons cherché comment les améliorer.

■ Nous avons repéré le **« chemin » du soleil grâce aux ombres** :
– D'abord nous avons observé et joué avec notre ombre (**a**).
– Puis nous avons dessiné l'ombre d'un petit parasol au cours d'une journée pour retrouver le mouvement apparent du soleil, son « chemin » dans le ciel (**b**).
– Enfin, nous avons repéré la direction de ce « chemin » avec une boussole (**c**).

a

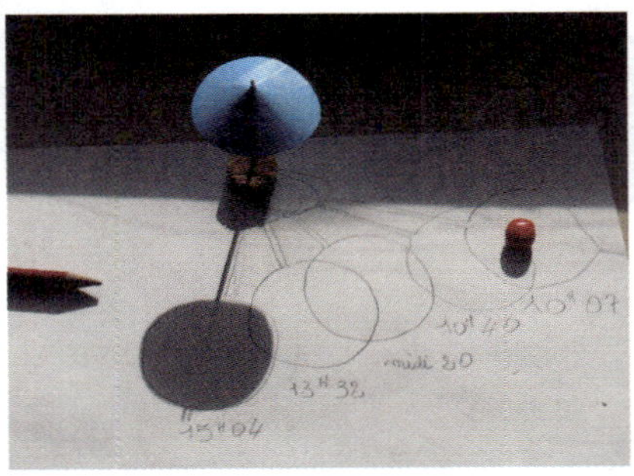

b

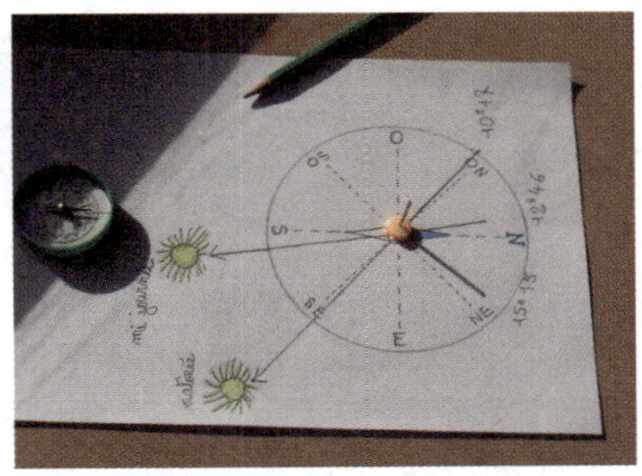

c

Qu'avons-nous découvert et appris ?

■ Il existe deux sortes d'instruments pour **mesurer le temps** :
– Des instruments qui mesurent des **durées** : ______________________
– Des instruments qui permettent de **se repérer dans le temps**, et donc de savoir quelle heure il est à un **moment** précis :
____

■ Les ombres indiquent que le « chemin » du soleil est courbe :
– L'ombre est toujours à l'opposé du soleil par rapport à l'objet ou la personne.
– Au cours de la journée, l'ombre change d'orientation mais aussi de longueur : elle est longue le matin (soleil bas). Puis elle raccourcit jusqu'à la mi-journée (soleil haut). Enfin, elle rallonge jusqu'au soir (soleil bas).
– Une **boussole** indique « chez nous » que le soleil se lève vers l' ______, culmine au ______, se couche vers l' ______ et qu'il ne passe pas vers le **nord**.

Peinture, soleil et lumière

Observe attentivement ces peintures et **décris**-les. Que représentent-elles ? Qu'ont-elles de particulier ? Aide-toi des légendes. **Fais** un dessin, une peinture ou une photo du même lieu mais à des moments différents.

La Cathédrale de Rouen,
Claude Monet, 1894,
début d'après-midi.

La Cathédrale de Rouen,
Claude Monet, 1894,
fin d'après-midi.

La Cathédrale de Rouen,
Claude Monet, 1892,
au coucher du soleil.

La Cathédrale de Rouen : le portail et la tour Saint-Romain, Claude Monet, 1894,
au crépuscule.

Traces et empreintes

Le détective Malinou

1 **Observe** la couverture et le titre de l'album. **Imagine** le début de l'histoire et **échange** tes idées avec tes camarades.
Ensuite, **lis** le premier chapitre de l'album.

Le détective Malinou est un labrador : un gros chien au poil beige.

I

Un drôle de détective

Malinou est un labrador détective, il a un flair exceptionnel.
Sandra, son assistante, le suit partout.

Sous ses airs un peu étranges, le détective Malinou conclut toujours ses enquêtes avec succès. Malinou et Sandra, son assistante, forment une équipe extrêmement efficace. Malinou est appelé sur une nouvelle enquête : la disparition du petit hamster Rastapouette. Parviendra-t-il à dénouer les fils de ce mystère ? C'est ce que nous allons apprendre…

Le détective Malinou est un labrador : un gros chien au poil beige. Oui, mais, direz-vous, un labrador détective, c'est plutôt étrange, non ? Si encore c'était un chien policier…

5

2 **Réponds** aux questions.

Qui est Malinou ? ____________________

Quelle est la nouvelle enquête du détective Malinou ?

____

Le son è

A. Entoure les dessins si tu entends è.

B. Lis ce texte et **entoure** tous les mots où on entend è.

Irène aide sa mère à mettre le couvert pour son anniversaire. Elle met des assiettes et des verres. Son père a préparé un filet de dorade, une crème et des madeleines. La fête va bientôt commencer.

Relève sur ton ardoise ou ton cahier toutes les façons d'écrire le son è.

C. Lis les mots et **colorie** les deux lettres qui suivent le e qui se dit è.

merci – une sucette – une personne – une princesse – une veste – une poubelle

Que **remarques**-tu ?

Je retiens : Le son è peut s'écrire : ☐ ☐ ☐ ☐ ☐ ☐

⚠ un **ver** de terre, la **mer** bleue, **cher** ami, une poutre en **fer**, du **sel**, un **bel** animal

1 Classe les mots suivants en fonction de la place du son è dans le mot. Que **remarques**-tu ?

dizaine – baleine – fête – aigle – neige – pièce – secret – aide – modèle poulet – vrai – permission – veste

au début du mot	au milieu du mot	à la fin du mot
______	______	______
______	______	______
______	______	______
______	______	______

2 Ajoute e ou è.

Il r__spire un él__ve la l__cture une raqu__tte la vaiss__lle une ant__nne

Ajoute ei ou et.

une r__ne un jou__ un bouqu__ de la p__ne il fr__ne un siffl__

Entoure le bon mot.

palais / balai 

trait / très 

père / paire 

Un drôle de détective

A. Relis ce passage de l'histoire du détective Malinou.

Le détective Malinou est un labrador : un gros chien au poil beige.
Oui, mais, direz-vous, un labrador détective, c'est plutôt étrange, non ?
Si encore c'était un chien policier...
Eh oui, le détective Malinou n'est pas un labrador comme les autres : il a un flair exceptionnel et devine tout très rapidement.
Malinou est ce qu'on appelle un *fin limier*.
Malinou est un champion pour attraper les voleurs ou les criminels.

B. Explique ce qu'est un détective, un policier.
Enquête toi-même pour savoir ce qu'est un limier.

1 **Souviens**-toi du chapitre 1 de l'album et **réponds** aux questions.

Quel est le problème du détective Malinou ?

____

Comment s'appelle son assistante ? ______________________

2 **Complète** les phrases par vrai (V) ou faux (F).

Sandra est une chienne labrador très jolie. __________

Malinou trouve toujours la solution. __________

Malinou communique très bien avec toutes les personnes. __________

Sandra est une aide extrêmement efficace. __________

Malinou tousse et remue la queue quand il ne comprend pas. __________

Malinou va enquêter sur une disparition. __________

3 **Retrouve** les mots ou les expressions qui désignent le bon personnage.

un labrador ▪	
une chatte siamoise ▪	
le détective ▪	▪ Malinou
une assistante ▪	
un gros chien au poil beige ▪	
un champion ▪	▪ Sandra
un fin limier ▪	
il ▪	
elle ▪	

4 **Écris** une ou deux phrase(s) pour expliquer ce que fait un détective.

____

____

Des mots à construire

1 **Construis** les mots comme sur le modèle : une chemise → une chemisette

un casque → une ______________ une affiche → une ______________

une poche → une ______________ une table → une ______________

Choisis parmi les mots ci-dessus ceux qui conviennent pour compléter ces phrases :

Mon père a fixé une ______________ au-dessus du lavabo.

Le garçon met une ______________ à manches courtes quand il fait chaud.

En été, quand il fait très beau, il faut mettre une ______________ sur la tête.

2 **Observe** et continue comme dans l'exemple :

En ce moment, il joue. → La semaine dernière, il jouait.

En ce moment, elle écoute. → La semaine dernière, elle ______________

En ce moment, il saute. → La semaine dernière, il ______________

En ce moment, elle danse. → La semaine dernière, elle ______________

3 **Observe** les images et **écris** deux phrases avec est.

4 **Recompose** un mot avec ces lettres : a s m i

Après une recherche collective orale, **écris** toi-même une petite phrase avec ce mot.

5 **Place** ces mots, qui se prononcent de la même façon, dans la grille de mots croisés :

vert – ver – verre – vers / maître – mètre – mer – mère.

Aide-toi du nombre de lettres, des images et de la terminaison du mot vert.

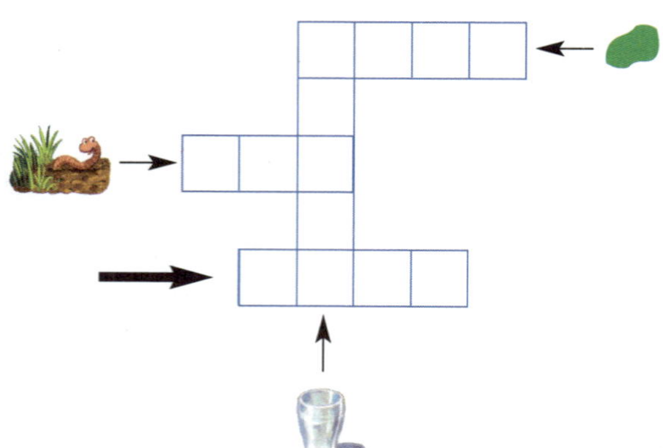

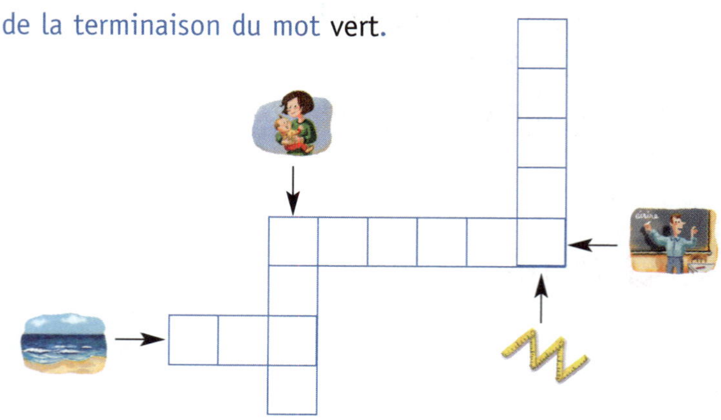

Qui ? Qu'est-ce qui ?

A. Lis les phrases suivantes.

Le détective écoute attentivement le récit. (Qui écoute ? **Souligne** en bleu.)
Le téléphone sonne à ce moment-là. (Qu'est-ce qui sonne ? **Souligne** en bleu.)
Le petit hamster est très gentil. (Qui est gentil ? **Souligne** en bleu.)
Sandra traduit les propos du détective. (Qui traduit ? **Souligne** en bleu.)

B. Ces phrases sont incomplètes. **Complète**-les.

__________ a trouvé la cage renversée. __________ était grande ouverte.

Je retiens : Dans une phrase, il y a toujours un ______________ ou un groupe de ______________ indiquant **qui** fait ou **ce qui** fait l'action.
Ces mots répondent à la question **qui** ? ou **qu'est-ce qui** ?

1 Dans chaque phrase, **colorie** en bleu le groupe de mots indiquant qui ou qu'est-ce qui fait l'action.

Rémi déjeune à la cantine tous les jours.
Mon grand-père adore la pêche en rivière.
Ce matin, les élèves sont à la piscine.
Dans le centre-ville, les voitures se garent le long du trottoir.

2 **Relie** qui fait l'action avec le reste de la phrase et **recopie** chaque phrase.

Le facteur ▪	▪ se cache derrière les nuages.
Le soleil ▪	▪ traversent la rue attentivement.
Le chien ▪	▪ apporte les lettres.
Les enfants ▪	▪ aboie sans cesse.

____

____

____

____

3 **Complète** les phrases en indiquant qui peut faire l'action.

______________________________ observe les étoiles dans le ciel.

______________________________ a renversé le lait sur la table.

Choisis un personnage des phrases que tu as complétées et **donne** des précisions sur lui.

____

____

Le bureau de Malinou

1 **Observe** le dessin du bureau de Malinou.

Dessine un pot de fleurs sur la table basse et un pot à crayons sur le côté droit du bureau de Sandra quand tu regardes l'image. Puis **dessine** un dossier sur le côté gauche du bureau de Malinou.

2 Quel est le plan qui correspond au bureau de Malinou ? **Justifie** ta réponse.

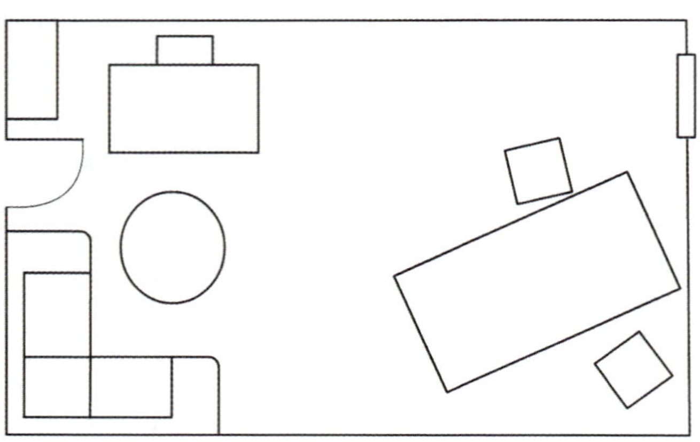

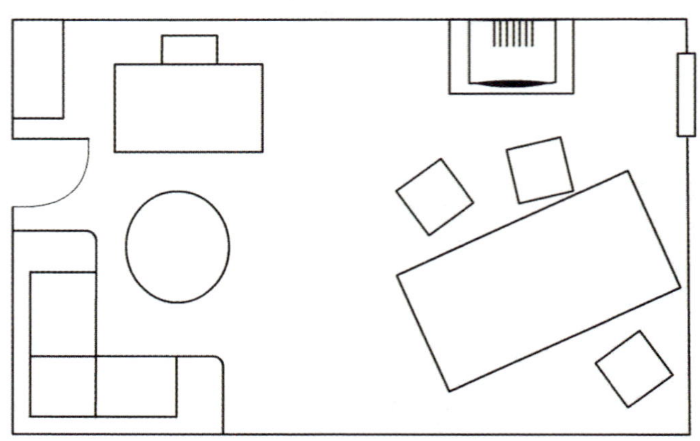

Dans la bibliothèque, il y a une cafetière. **Fais** une croix pour indiquer son emplacement sur le bon plan.

Un plan est un dessin simplifié vu de dessus. Il conserve les proportions de la réalité. Il existe plusieurs types de plans : plan d'une pièce (d'une classe, d'une chambre...), d'un appartement, d'une propriété, d'un quartier, d'une ville.

Maquette et plan

Observe ces documents et **lis** le texte.
Écris sur le plan le nom des occupants des chambres.
Sur les dessins de la maison, **fais** une croix rouge à l'endroit où se trouvera le rosier, une croix bleue sous la fenêtre de la chambre de Lucas, une croix noire à l'emplacement de la jardinière de fleurs.

▲ Vue de face (le devant de la maison).

▲ Vue de dos (l'arrière de la maison).

Les parents ont la chambre 3. Il y aura un rosier sous la fenêtre de leur chambre. Lucas a la chambre qui touche le garage. Sur le rebord de la fenêtre de la cuisine, il y aura une jardinière de fleurs jaunes.

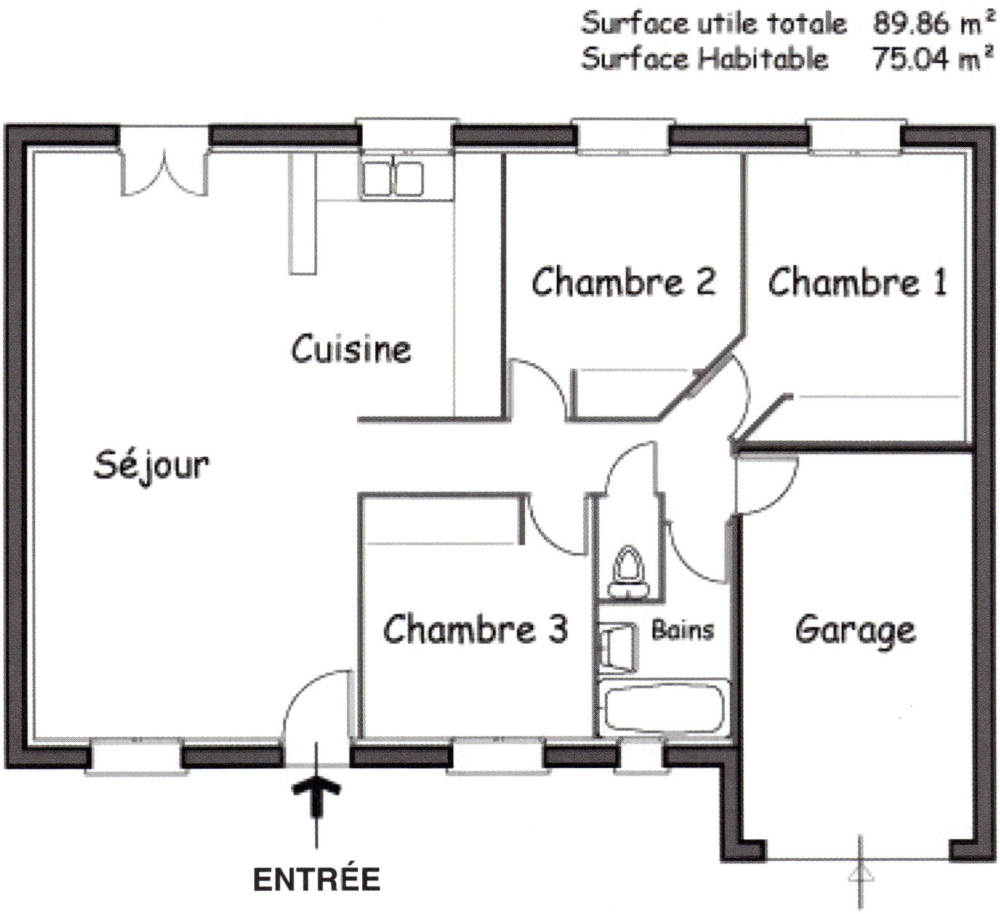

Le son (k)

A. Lis ce texte et **entoure** tous les mots où on entend (k).

Il y a quelques jours, nous avons beaucoup ri pendant le spectacle du cirque quand les clowns sont venus. Ils formaient une belle équipe.
L'un des clowns portait un kimono et faisait une séance de karaté avec les autres clowns.

Relève sur ton ardoise ou ton cahier toutes les façons d'écrire le son (k).

B. Entoure la lettre qui suit c.

secouer – un crocodile – craindre – raconter – du café – une cloche – un cartable

Que **remarques**-tu ?

C. Entoure la lettre qui suit qu.

une équipe – une boutique – une querelle – un liquide – remarquer – un paquet

Que **remarques**-tu ?

Je retiens : Le son (k) peut s'écrire : ☐ ☐ ☐

Après la lettre **c** qui se dit (k), tu peux avoir : ☐ ☐ ☐ ☐ ☐

Après les lettres **qu** qui se disent (k), tu peux avoir : ☐ ☐

⚠ un co**q**, cin**q**
quand, **qu**oi, pour**qu**oi, **qu**atre, **qu**arante, une **qu**alité

1 Classe ces mots dans la bonne colonne.

un kiwi – une caisse – un client – quitter – un koala – la musique
une enquête – un kart – un crabe – la cantine

c	qu	k
______	______	______
______	______	______
______	______	______

2 Complète les mots avec c ou qu.

une ___rêpe   un cas___e   ___ouper   une ___iche   une ___ouleur   une ___ille

un ___anard   une ___ravate   le ___alcul   une fla___e   un ___lou

Trouve la charade et la devinette.

Mon premier est la partie du corps qui relie la tête au reste du corps.
Mon deuxième est une couleur.
Mon tout est ce que l'on met sur la table pour le repas : ______________

Après l'école, je coûte ou je goûte ? ______________

Isadora

Relis ce passage de l'histoire de Malinou et **réponds** à la question.

Malinou refait le chemin entre la cage et la porte de l'appartement. Il remarque un plan de la ville affiché au mur. Un petit rond tracé au stylo rouge attire son attention. Il le désigne à Sandra. Celle-ci demande à Tasheera :

– Que signifie ce rond sur le plan ?

– Oh, c'est là qu'habite une certaine Isadora, une petite femelle hamster. Ce n'est qu'une camarade de Rastapouette. Mais elle ne me plaît pas trop. Je lui ai interdit de revenir voir Rastapouette.

Comment Malinou fait-il comprendre à Sandra la question qu'il aimerait poser au sujet du rond rouge ?

1 **Souviens**-toi des trois chapitres de l'histoire et **réponds** aux questions.

Qui est Rastapouette ?

Qui est Isadora ?

2 Quelles informations a-t-on recueillies dans les différents lieux ? **Relie** l'objet au lieu.

Sur la cheminée ▪	▪ une biscotte
Dans la cage ▪	▪ un cadre
Sur le plan ▪	▪ des affaires personnelles
Dans la boîte de chaussures ▪	▪ des touffes de poils
Sur le tapis ▪	▪ l'adresse d'Isadora

3 À partir de ces informations sur l'enlèvement de Rastapouette, **dis** ce qu'il s'est passé, selon toi.

Des mots à construire

1 Entoure de la même couleur les mots de la même famille.

équipe	connaître	claquer	claquement
kilomètre	équiper	skieur	kilométrer
claque	kilométrage	connaissance	équipement
ski	connaisseur	skier	skieuse

2 Choisis parmi les mots de l'exercice 1 ceux qui conviennent pour compléter les phrases.

Pour faire du ski il faut avoir un bon ______________________.

Au basket, dans chaque ______________, il y a cinq joueurs.

Pour parcourir un ______________ à la piscine, il faut être un bon nageur.

3 Classe les noms d'animaux, d'aliments et d'ustensiles :

un crocodile – un couteau – une pastèque – un kiwi – un phoque
une carotte – une casserole – un concombre – un koala – des couverts
un kangourou – un coq – du chocolat – une cuillère

animaux	aliments	ustensiles
______________	______________	______________
______________	______________	______________
______________	______________	______________
______________	______________	______________
______________	______________	______________

4 Lis ces mots qui permettent de poser des questions et **complète** les phrases avec celui qui convient.

qui – quand – comment – pourquoi

______________ ne viens-tu pas jouer avec nous ?

______________ a pris le crayon de la maîtresse ?

______________ t'appelles-tu ?

______________ prendras-tu le train pour partir en vacances ?

Trouve la lettre qui manque dans chacun des mots.

qui__ze __uatre q__i __onc __ccrocher

Écris un mot avec les lettres que tu as trouvées : ______________________

Fais une phrase avec ce mot : ______________________

Comment désigner un personnage ?

A. Relie ce passage et souligne les mots ou expressions utilisés pour parler de Rastapouette.

Sur la cheminée, dans un cadre, on voit une photo de Rastapouette. C'est un joli petit hamster avec un pelage beige. Le petit animal est dans sa cage. Quand on pense que la pauvre bête a disparu ce matin… Qui pourrait avoir enlevé ce hamster ?

B. Lis ces deux textes.

Malinou a ses habitudes de travail : il observe, il réfléchit et, quand il a trouvé, il tousse un peu et il remue trois fois la queue.

Sandra le suit partout, elle traduit ses propos car elle comprend ce que dit le détective. Elle prend des notes sous sa dictée. Elle est formidable.

Quel est le petit mot qui désigne Malinou ? Quel est le petit mot qui désigne Sandra ? Comment sais-tu de qui il s'agit ?

C. Lis cette phrase : Ils sont allés au cinéma avec elle.

Sais-tu de qui il s'agit ? Que manque-t-il selon toi ?

Je retiens : Quand j'écris une histoire, je fais attention à bien faire

______________ de qui il s'agit.

1 **Remplace** les prénoms par les petits mots il, elle, ils, elles, quand tu le peux.

Pierre et Célia sont voisins. Pierre et Célia partent ensemble au club de sport le mercredi matin. Pierre fait du judo. Pierre est ceinture marron. Célia fait de la gymnastique. Célia adore se déplacer sur la poutre.

____

____

____

2 Voici deux animaux. **Cherche** plusieurs façons de les nommer. **Constitue** une liste.

____

____

3 **Observe** ces images et **essaie** maintenant de raconter une petite histoire sur ton cahier. **N'oublie** pas d'utiliser ta liste.

Des dents bien utiles

1 **Observe** ces photos.

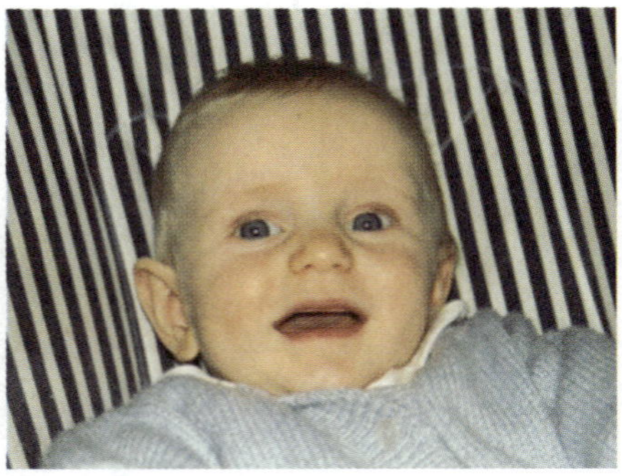

A

B

C

2 **Trouve** à qui sont ces empreintes de dents.

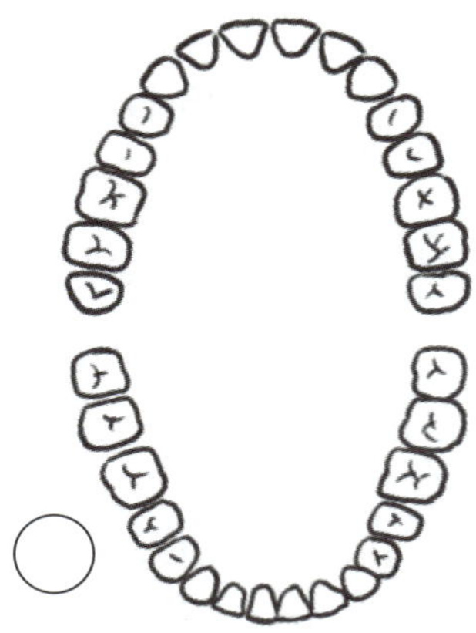

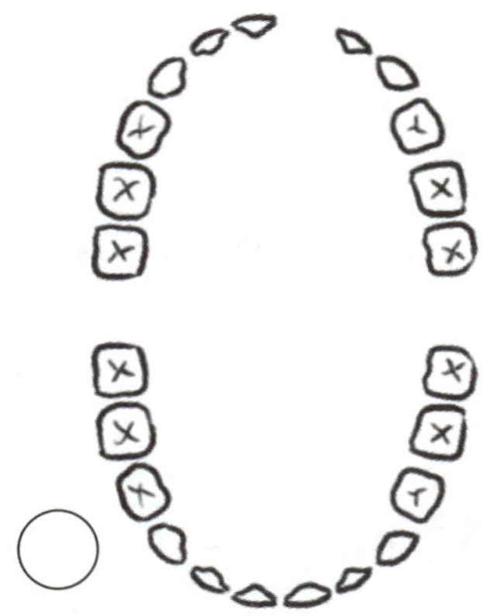

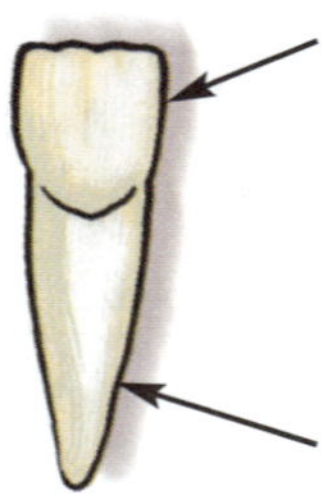

couronne

incisive
pour couper

racine

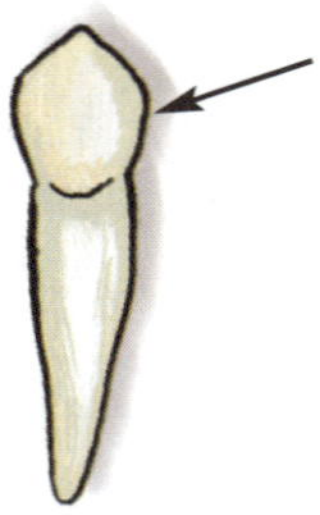

couronne

canine
pour déchirer

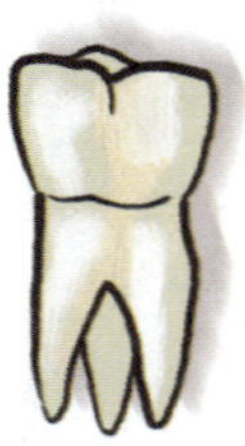

molaire
pour écraser

La bouche de l'homme comprend deux mâchoires qui ont chacune 16 dents.
Une dent est composée de deux parties :
– la racine, enfoncée dans la gencive et l'os de la mâchoire ;
– la couronne, partie blanche et brillante.

Chez l'homme, les dents ont des formes différentes car elles n'ont pas le même rôle.

Les dents servent à mastiquer les aliments, mais aussi à parler (bien prononcer), puisque pour produire certains sons la langue vient toucher ou non les dents ! Et puis elles nous font aussi un joli sourire.

Des dents qui tombent et qui poussent !

Chez l'homme

Observe cette radiographie. S'agit-il d'un enfant ou d'un adulte ? **Justifie** ta réponse.

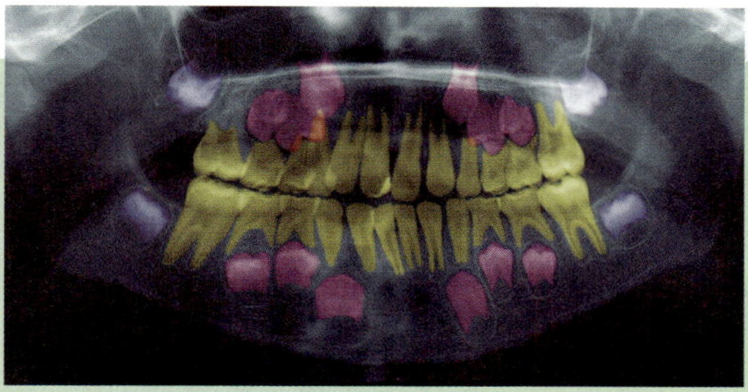

Les premières dents de lait poussent vers 6 mois. Elles commencent à tomber vers 6 ans.

Les canines définitives sortent vers 10-11 ans et les prémolaires poussent entre 9 et 12 ans.

Les dents de sagesse (les dernières molaires) poussent vers 18 ans.

Comme la mâchoire grandit au cours de la croissance, la dentition s'adapte à elle. Une fois les dents définitives sorties, il ne peut plus en pousser de nouvelles. C'est pour cela qu'il faut en prendre bien soin en se lavant régulièrement les dents !

À ton avis, quel est l'âge de cette personne ? ____________________

Chez les animaux

Certains animaux ont eux aussi des dents qui poussent. Le requin a plusieurs rangées de dents. S'il en perd, elles repoussent aussi souvent qu'il le faut durant toute sa vie.

Chez le cochon d'Inde ou le hamster, ce sont les incisives qui poussent continuellement.

L'éléphant, quand il est très vieux, finit par mourir de faim. Il ne peut plus se nourrir, car ses molaires s'usent et ne sont pas remplacées.

Le son (an)

A. Lis ce texte et **entoure** tous les mots où tu entends (an).

Pendant les vacances, les enfants se sont promenés dans la campagne. Comme chaque année, ils ont ramassé un plein panier de champignons. Chez le pharmacien, ils ont contrôlé ceux que l'on pouvait manger sans crainte. Le soir, en famille, ils les ont mangés en toute tranquillité.

Relève sur ton ardoise ou ton cahier les différentes manières d'écrire le son (an).

B. Entoure la lettre qui suit am ou em dans les mots suivants :

une ampoule – une chambre – une tempête – longtemps – remplir
une ambulance – embrasser – emmener – exemple

Que **remarques**-tu ?

Je retiens :

Le son (an) peut s'écrire : ☐ ☐

Attention : il s'écrit **am** ou **em** quand ____________________

1 Classe ces mots dans la bonne colonne :

blanche – un camarade – un animal – un moment – un animateur – le vent
un champion – revenir – un ennemi – entendre – danseur – le temps – une rame

J'entends (an)	Je n'entends pas (an)

2 Complète avec an ou am.

un p___talon   une j___be   un ch___teur   une l___pe

Complète avec en ou em.

___core   souv___t   ___porter   rass___bler   ___mener

Trouve ces devinettes. Tous les mots s'écrivent avec an ou am.

C'est le nom de la pièce où l'on dort : ____________________

Ils poussent dans les bois en automne et certains sont très dangereux :

____

Elle se couvre de feuilles au printemps : ____________________

Des mots à construire

1 **Lis** ce petit texte.

Souvent, quand notre voisine est en vacances, ses chats se sauvent quand mes parents rentrent dans son appartement. Ils se cachent rapidement sous un meuble et regardent attentivement mes parents qui leur apportent à manger.

Entoure tous les mots dans lesquels tu vois ent. Que **remarques**-tu ?

2 **Continue** comme sur le modèle : il chante → ils chantent

il regarde → ils ____________ il pense → ils ____________

il porte → ils ____________ il joue → ils ____________

3 **Écris** la phrase qui convient sous l'image.

4 **Trouve** la bonne terminaison de ces mots.

gran___ conten___ charman___ pruden___ gourman___ impatien___

5 **Fais** des phrases avec les groupes de mots suivants :

Antoine nage	encore	argent.
Il lui a offert un bijou	sans	faim.
Le bébé a	en	bouée.

Place ces mots dans la grille de mots croisés :
chant – champ – sang – sans – cent – dans – dent
Aide-toi des images et de la lettre finale des mots.

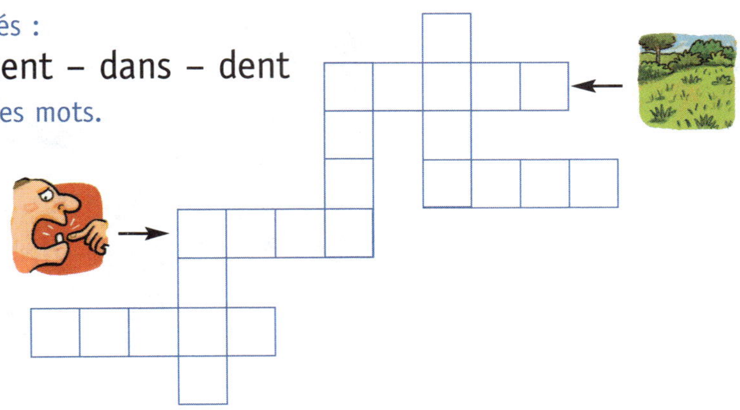

Comment se repérer dans un livre ?

Voici le sommaire de l'album *Kimamila et le dragon rouge*. **Observe**-le attentivement puis **indique** le numéro de chacune des pages présentées.

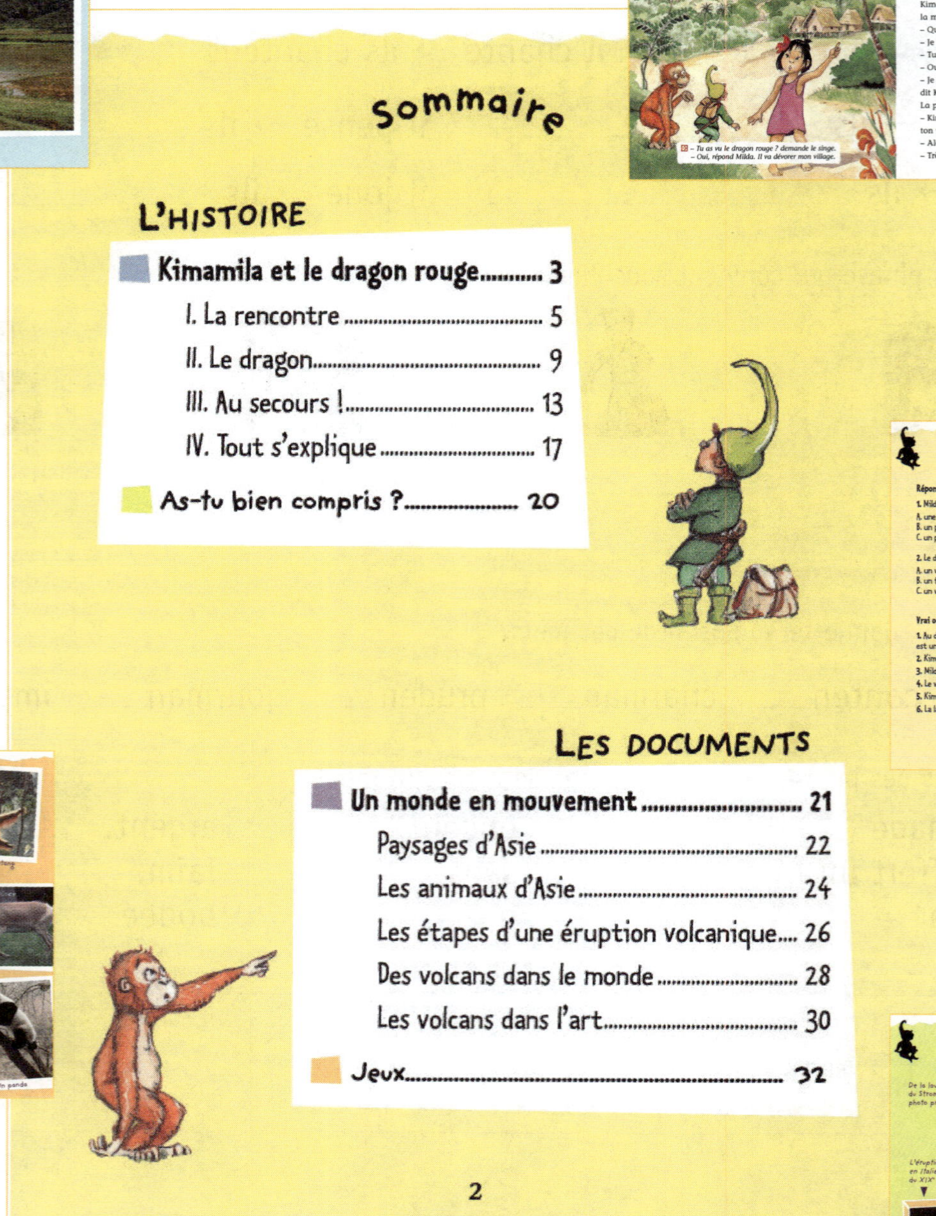

Sommaire

L'HISTOIRE

LES DOCUMENTS

2

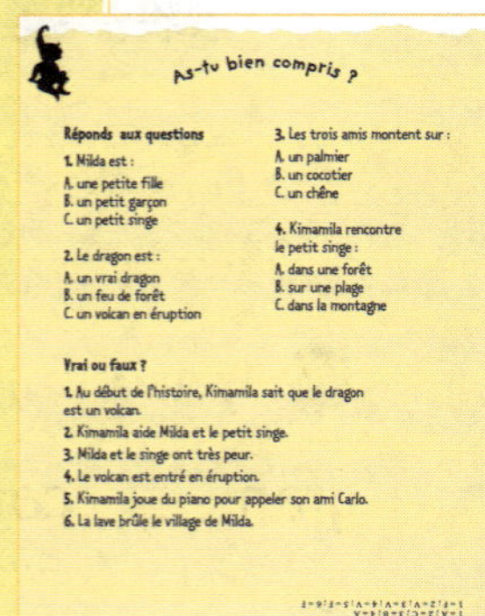

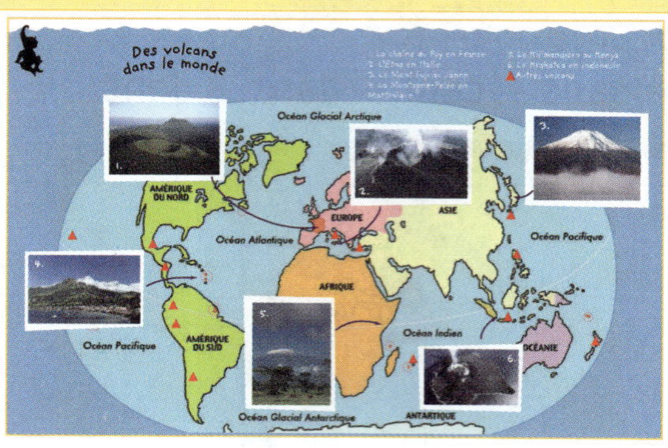

Atelier langage

Des policiers à lire et à voir

1 **Observe** ces documents. Que sont-ils ? L'un des documents est différent. Lequel ? Quel document t'attire le plus ? Pourquoi ? Est-ce le titre ? L'illustration ? Les deux ?

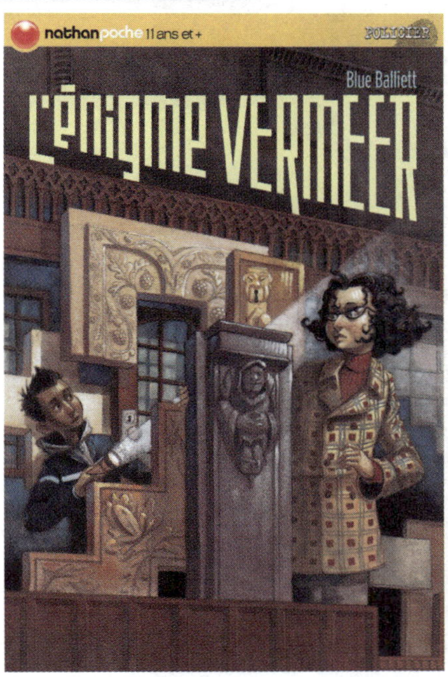

2 **Repère** les mots dans les titres et **regarde** attentivement les illustrations.
Invente un titre d'histoire policière.

3 **Choisis** un document et **imagine** le début de l'histoire. **Fais** des phrases en utilisant les mots :

comme – parce que – donc.

Des empreintes d'autrefois et d'aujourd'hui

1 **Observe** et **compare** ces documents. Que représentent-ils ?

Peinture rupestre vers 5000 avant Jésus-Christ.

Empreintes de mains et de pieds à Hollywood.

2 **Réalise** à ton tour une *fresque* sur laquelle tu laisseras tes empreintes, à la manière des hommes préhistoriques, ou un *moulage,* comme sur le trottoir d'Hollywood.

La vie autrefois

L'école de Mamie Jeanne

1 **Écoute** l'histoire de *L'école de Mamie Jeanne*. **Lis** cette bande dessinée. De quoi parle Jeanne ?

2 **Observe** cette photo d'une école en 1900. Quelles différences **vois**-tu entre cette classe d'autrefois et ta classe d'aujourd'hui ?

Le son (z)

A. Entoure les images quand tu entends (z).

B. Entoure toutes les façons d'écrire le son (z) dans le texte.

Au zoo, Lisa et sa cousine Rosalie ont vu des zèbres, des zébus, des singes et des gazelles. Elles se sont bien amusées. Elles aimeraient avoir l'occasion de retourner au zoo pour assister au repas des otaries.

Indique la lettre qui précède et celle qui suit le s qui se dit (z).

C. Lis les mots suivants.

ils arrivent – des enfants – des oies – ils aiment – nous écrivons – des idées

Que **remarques**-tu quand tu entends le son (z) ?

Je retiens : Le son (z) peut s'écrire : ☐ ☐

Lorsque le son (z) s'écrit avec la lettre **s**, la lettre **s** est entre ____________

Lorsqu'un mot se termine par la lettre **s** et que le mot suivant commence par une ____________ , on entend en général le son (z). On fait une **liaison.**

⚠ deu**x**ième, di**x**ième

1 Classe les mots suivants en fonction de la place du son (z) dans le mot.

zéro – désert – fraise – rosier – zèbre – treize – rose – zigzag – framboise désobéir – choisir – zeste – curieuse – gaz

au début du mot	au milieu du mot	à la fin du mot
____________	____________	____________
____________	____________	____________
____________	____________	____________

Que **remarques**-tu à propos de la place dans le mot du son (z) qui s'écrit s ?

2 Écris z quand c'est nécessaire.

Souvent Pedro et Su_anne s'amusent à fabriquer des gâteaux. Ils mettent des _œufs, de la farine et du sucre, des _amandes et un _este de citron.

Trouve le chemin qui ne passe que par des mots qui contiennent le son (z).

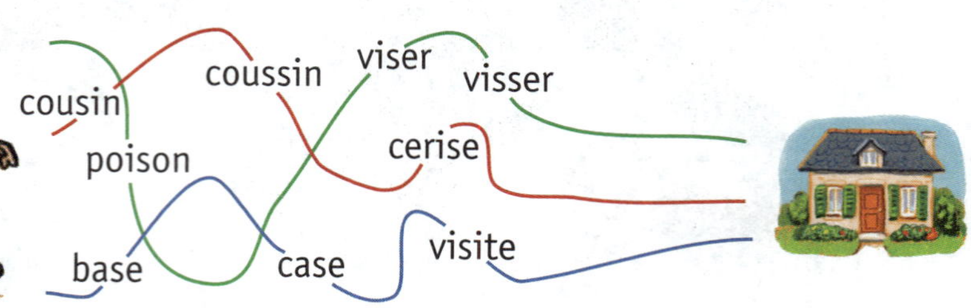

L'école autrefois

1 Lis ce texte.

Jeanne, l'arrière-grand-mère de Jules, raconte comment était son école autrefois.

■ À mon époque, avant de partir à l'école, ma mère me réchauffait une soupe avec du lard et des pommes de terre. Dans mon cartable, j'emportais du pain, du fromage et des noix pour le repas de midi. Mon père avait des ruches et quand il récoltait le miel, il en gardait toujours un pot ou deux pour le maître. Parfois, j'avais aussi des œufs ou un lapin pour mon instituteur.

■ L'hiver, on apportait du bois pour mettre dans le poêle de la classe. Quand l'hiver était rude, il faisait froid et avec nos doigts engourdis on avait du mal à écrire. De mon temps, on écrivait avec une plume qu'on trempait dans un encrier. Et je te prie de croire qu'on écrivait bien ! De belles grandes lettres, bien dessinées. Si on ne s'appliquait pas, le maître se mettait en colère et parfois même il mettait un élève au coin avec un bonnet d'âne.

■ Malgré cela, j'étais ravie d'aller à l'école. Cela nous permettait de découvrir le monde. Si je n'étais pas allée à l'école, je ne serais sûrement pas devenue aviatrice.

2 Coche la ou les bonne(s) réponse(s).

Dans ce texte, qui parle ? ☐ Jules ☐ Jeanne ☐ le maître d'école

Avec quoi écrivait-on à cette époque ?
☐ un stylo à bille ☐ une plume et de l'encre ☐ un crayon de couleur

Qu'apportait la grand-mère de Jules à son instituteur ?
☐ du fromage ☐ du miel ☐ des œufs ☐ du bois
☐ des fruits ☐ un lapin ☐ du pain

3 Réponds aux questions.

Pourquoi l'arrière-grand-mère de Jules était-elle contente d'aller à l'école ?

Qu'est-ce qu'un bonnet d'âne ?

Que penses-tu de cette école d'autrefois ?

Des mots à construire

1 **Continue** comme sur le modèle.

un danseur	→ une danseuse	courageux	→ courageuse
un coiffeur	→ ________	heureux	→ ________
un chanteur	→ ________	moqueur	→ ________
un vendeur	→ ________	menteur	→ ________

2 **Classe** les mots par catégorie en fonction de leur sens.

cerise – onze – framboise – lézard – seize – gazelle – quinze – fraise – zèbre

onze	cerise	zèbre
________	________	________
________	________	________

3 **Trouve** un mot de la même famille.

rosier	roseraie	________
cuisiner	cuisinier	________
arrosoir	arrosage	________
raser	rasoir	________

Choisis un des mots trouvés pour faire une phrase.

____

4 **Remets** les lettres dans l'ordre pour trouver un mot et **fais** une phrase avec ce mot.

s i e p u
l u r s

____

Choisis le bon mot.

Mon chien adore manger des zoos ou des os ? ________________

Avec les lettres de chaque mot **refais** un autre mot.

sauce ________

vision ________

salive ________

semeur ________

Des verbes à reconnaître

A. Observe ces images. **Complète** les phrases pour qu'elles deviennent correctes.

Jules ______ à la porte. Jules ______ une pomme. Jules ______ son vélo.

Que manquait-il à ces phrases ? **Recherche** plusieurs solutions possibles.

B. Lis le texte suivant. **Dis** quel est le mot qui indique ce que fait Jules dans chaque phrase.

Jules arrive de l'école. L'enfant entre dans la maison.
Il retrouve son arrière-grand-mère. Il l'embrasse.

C. Choisis les mots qui conviennent pour compléter les phrases.

tombe – ardoise – chante – gâteau – répare – camarade – mange

L'oiseau ______ au petit matin. La neige ______ en hiver.

Le garagiste ______ ma voiture. Samia ______ un gâteau.

Je retiens : Dans une phrase, il y a toujours un mot qui indique l'action, c'est-à-dire **ce que l'on fait**, ou **ce qui se passe**.

Ce mot s'appelle : ______

1 **Entoure** le verbe dans chaque phrase.

Le bébé avale sa soupe. La roue du vélo dérape dans le virage.
Le cheval saute l'obstacle. Les enfants lavent les fruits cueillis ce matin.

2 **Observe** les dessins et **complète** chaque phrase avec un verbe. Attention la phrase doit avoir un sens.

Le chat ______ sur l'arbre.

Le petit garçon ______ avec des jumelles.

L'oiseau ______ des graines sur le sol.

3 **Classe** les mots suivants en deux colonnes. **Observe** le début du classement et continue.

il regarde – un chien – elle travaille – une voiture – une boîte – il roule

un cahier	**il écoute**
______	______
______	______
______	______

La vie des enfants avant l'école obligatoire

1 Lis ces documents puis **réponds** aux questions.

A. Jeanlin ou la vie d'un enfant au XIXe siècle

À la lumière de la chandelle, il se débarbouillait hâtivement dans une cuvette d'eau froide puis s'habillait rapidement et prenait son petit déjeuner. Avec son père et sa sœur, équipés de leur lampe de mineur et de leur chapeau de cuir, ils partaient vers la mine. Là, dans la poussière et l'air humide, Jeanlin devait pousser de petits wagonnets pleins de charbon. Une seule pause était autorisée pour manger du pain et du fromage avant la remontée de l'après-midi.

B. Extrait de la loi de 1841 sur le travail des enfants employés dans les manufactures, usines et ateliers

Article 2 : Les enfants devront avoir au moins 8 ans.
De 8 à 12 ans, ils ne pourront être employés plus de 8 heures par jour.
De 12 à 16 ans, le travail n'excédera pas 12 heures par jour avec des périodes de repos.
Ce travail ne pourra avoir lieu que de 5 heures du matin à 9 heures du soir.

C. Loi Jules Ferry, 1882

À la fin du XIXe siècle, le ministre de l'instruction Jules Ferry rend l'école gratuite et obligatoire pour les enfants de 6 à 13 ans.

2 Complète la frise et **réponds** à la question.

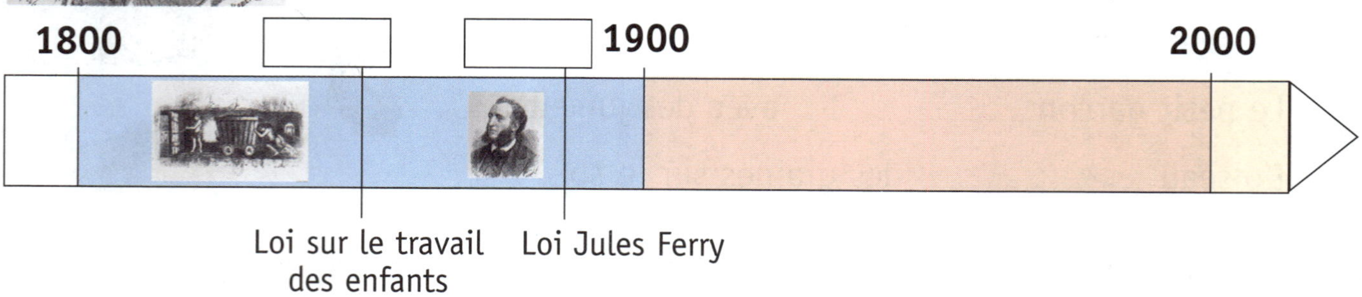

Que penses-tu de la vie des enfants autrefois ?

____

____

Sur ton cahier, **trace** deux bandes de 24 carreaux l'une sous l'autre.
Représente la journée de Jeanlin en **coloriant** sa période de travail (**aide**-toi des documents A et B).
Représente ensuite ta journée à l'école et à la maison.

Des écoles différentes

Lis ces documents. **Des enfants vont à l'école...**

Baka à l'école

Ma classe compte plus de 50 élèves.
Nous sommes 3 ou 4 par banc.
Comme il n'y a pas de livres, le maître doit écrire le texte au tableau à chaque fois.
Les cours commencent à 7 heures et finissent à midi. L'après-midi, les cours reprennent à 15 heures (il fait trop chaud avant !) pour finir à 17 heures.
Pendant les vacances, j'aide ma maman, qui est teinturière, à aller vendre des tissus au marché.

▲ Classe en Côte d'Ivoire.

L'école au Japon

L'école commence en avril et se termine en mars. Les élèves ont cours du lundi au vendredi et deux samedis par mois. Les cours commencent à 8 h 30 et se terminent à 15 h 30. Il y a beaucoup de travail à faire en plus à la maison.
Chaque élève porte un uniforme et doit avoir les cheveux attachés ou très bien coupés. Au début et à la fin de chaque cours, les élèves doivent faire une révérence à leur professeur.

D'autres enfants ne vont pas à l'école. Ils doivent travailler.

D'après l'Unicef, « des millions d'enfants ne fréquentent toujours pas l'école ». Des programmes pour scolariser les enfants sont menés dans les pays pauvres.
La scolarisation des filles et des garçons n'est pas identique. Beaucoup de filles n'ont pas encore la possibilité d'aller à l'école.

Fais des recherches :
Combien d'élèves êtes-vous par classe ? Qui s'occupe de l'entretien de la classe ?
Qui achète les livres à l'école ? Portez-vous des uniformes ?
Écris dans ton cahier quelques lignes sur ta vie à l'école.

Le son (g)

A. Entoure les images quand tu entends (g).

B. Lis ce texte et entoure tous les mots où tu entends (g).

Grégoire a été piqué par une guêpe à la figure pendant qu'il mangeait une glace pour son goûter. Sa joue a gonflé mais sa mère l'a bien soigné. Le petit garçon a vite guéri.

C. Observe la lettre qui suit g dans les mots suivants.

dragon – bagage – gomme – grande – glisser – goutte – gonfler – des gants

Y a-t-il un i ou un e après le g ?

D. Observe la lettre qui suit gu dans les mots suivants.

bague – anguille – fatigue – longueur – guirlande – guérison – guidon

Y a-t-il un o ou un a après le gu ?

Je retiens : Le son (g) peut s'écrire : ☐ ☐

Les lettres qui suivent **g** sont : ______________________

Les lettres qui suivent **gu** sont : ______________________

⚠ le jo**gg**ing, des spa**gh**ettis, se**c**ond

1 Complète avec g ou gu.

une ba___arre – une fi___e – une lan___e – une ___itare – un on___le – un lé___ume

une ___omme – a___randir – une va___e – la fati___e – une bla___e – un ti___re

2 Complète avec gu ou qu.

un mas___e – un ___épard – un mousti___e – une fla___e – du mu___et – un ___ichet

Complète la grille de mots croisés.

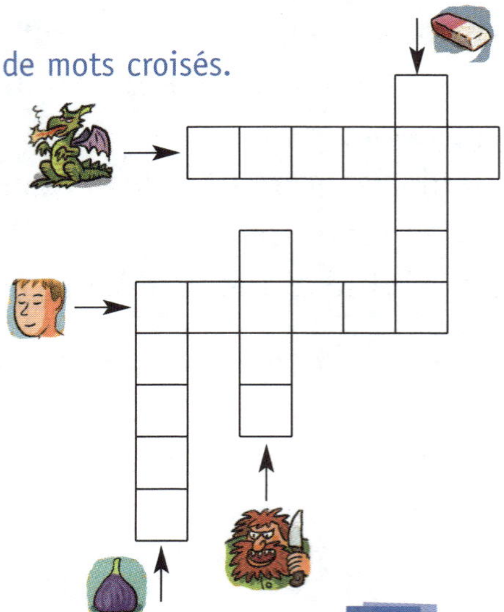

Une histoire d'électricité

1 **Lis** cette bande dessinée.

2 Réponds aux questions.

Combien y a-t-il de vignettes dans la bande dessinée ? ______________________

Que se passe-t-il dans la deuxième vignette ? ______________________

Qui est Edison ? ______________________

Qu'a fait la maman de Jeanne le jour où l'électricité est arrivée chez eux ?

____

Des mots à construire

1 **Classe** par catégorie les mots qui vont ensemble.

figue – kangourou – bague – mangue – groseille – guêpe – grenouille gomme – règle

______ ______ ______

______ ______ ______

______ ______ ______

2 **Complète** par un mot de la même famille.

galoper, galopade, ______ | glacer, glaçon, ______

garder, gardien, ______ | maigrir, maigreur, ______

3 **Relie** les contraires.

grand ▪	▪ désagréable
agréable ▪	▪ inégal
égal ▪	▪ maigre
gros ▪	▪ petit

Fais une phrase avec un de ces mots et une autre phrase avec son contraire.

______

______

4 **Remets** les syllabes en ordre pour écrire un mot et **fais** une phrase avec ce mot.

ga é ment le ______

Écris les mots qui manquent. **Relie** la bonne phrase à l'image qui correspond au mot que tu as trouvé.

Il y a une fève dans la ______ .

On ne peut pas avaler quand on a mal à la ______ .

On peut chanter en s'accompagnant d'une ______ .

On s'en sert pour effacer : ______ .

Trouve d'autres mots avec les lettres de ces mots.

orge ______ orgue ______

rage ______ grade ______

Des verbes qui changent

A. Lis les phrases suivantes.

Hier, Jules a regardé la télévision.
En ce moment, Jules regarde la télévision.
Demain, Jules regardera la télévision.

Colorie en rouge la phrase qui indique une action passée, en bleu la phrase qui indique une action présente et en jaune la phrase qui indique une action future.
Quel est le mot qui indique l'action ?

B. Classe les verbes suivants par famille sur ton ardoise : dînera – regarde – a dîné – parle parlera – a regardé – regardera – dîne – a parlé

regarder	dîner	parler

Je retiens : Quand on change le moment où se passe l'action (__________, __________, __________), le verbe change.

On désigne le nom du verbe par son __________.
Exemple : écouter, finir, entendre.

1 Complète chaque phrase avec la bonne écriture du verbe chanter :
chante, chantera, a chanté

Hier, Pierre __________ à la chorale de son village.

En ce moment, Pierre __________ à la chorale de son village.

Demain, Pierre __________ à la chorale de son village.

2 Trouve l'infinitif des verbes suivants :

donne, donneront, donnons, a donné : __________

choisis, choisira, a choisi, choisissons : __________

prends, prenez, prendra, a pris : __________

3 Retrouve les trois phrases. Et **recopie**-les sur ton cahier du jour.

Hier		a mangé	
En ce moment	Émilie	mange	une brioche.
Demain		mangera	

La brioche de Jeanne

Observe et **lis** ces deux recettes.

Recette 1

Ingrédients

200 g de farine
3 cuillères à soupe de sucre en poudre
3 cuillères à soupe de lait
100 g de beurre
2 œufs
un peu de sel
15 g de levure de boulanger

Cuisson : 30 minutes au four, thermostat 7

1. Chauffe le lait dans une casserole.
2. Ajoute ensuite dans la casserole le sucre, le sel et la levure de boulanger.
3. Mets la farine dans un saladier.
4. Verse le contenu de la casserole sur la farine puis ajoute les œufs.
5. Mélange.
6. Fais fondre le beurre à feu doux.
7. Verse le beurre fondu dans le saladier et mélange le tout.
8. Dépose la pâte dans un moule bien beurré.
9. Laisse gonfler pendant 2 heures et fais cuire au four.

Recette 2

Chauffer 3 cuillères à soupe de lait dans une casserole. Ajouter dans la casserole 3 cuillères de sucre, un peu de sel et 15 g de levure de boulanger. Verser 200 g de farine dans un saladier. Ajouter le contenu de la casserole avec les 2 œufs sur la farine et commencer à mélanger. Faire fondre 100 g de beurre à feu doux. Verser le beurre fondu dans le saladier et mélanger le tout. Déposer la pâte dans un moule bien beurré. Laisser gonfler pendant deux heures et faire cuire 30 minutes au four, thermostat 7.

1. Est-ce qu'il s'agit de la même recette ? ____________
2. **Entoure** les ingrédients dans chaque recette.
3. Comment sont présentées les actions à réaliser ? ____________
4. Quelle recette est la plus facile à suivre ? **Explique** pourquoi.
5. Dans la première recette, **entoure** tous les verbes.

Je retiens : dans une recette, on distingue les *ingrédients* et les *étapes*. Les phrases commencent souvent par un ________ , pour préciser ce qu'il faut faire.

1 **Complète** le tableau en recopiant les verbes qui disent ce qu'il faut faire dans les deux recettes.

Dans la recette 1, c'est à toi qu'on donne des ordres : chauffe.
Dans la recette 2, on donne des instructions générales : chauffer.

On s'adresse à toi directement	*On ne s'adresse pas à toi directement*
chauffe ____________	chauffer ____________
____________	____________
____________	____________

2 **Lis** les consignes suivantes.

Crème caramel
Mets les œufs dans un saladier.
Mets le sucre sur les œufs et la vanille en poudre.
Mets le lait tiède et remue doucement.
Mets du caramel liquide dans des ramequins.
Mets la crème du saladier dans les ramequins.
Mets au four 45 minutes.

Que **remarques**-tu ?
Réécris cette recette sur ton cahier et **utilise** les verbes suivants : verse, dépose, ajoute, mélange, casse, place, enfourne, répartis…

3 **Observe** les différentes étapes de cette recette en images et **écris**-la sur ton cahier. N'oublie pas de retrouver la liste des ingrédients et **précise** les étapes de fabrication

Les pommes au four

Les dangers de l'électricité

Observe ces dessins et **raconte** ce que tu vois.
Écris pour chaque dessin quel(s) est (sont) le (les) danger(s) encouru(s).
A = électrocution ; B = brûlure ; C = court-circuit

Qu'avons-nous expérimenté ?

■ **Un circuit électrique**

Nous avons allumé une petite ampoule avec une pile plate, en mettant les deux lames de la pile en contact avec la vis et le plot de l'ampoule.

■ Nous avons cherché quelles sortes de « fils » conduisent le courant électrique.

– D'abord, nous avons écarté les deux lames de la pile. Puis nous avons placé l'ampoule sur l'une des deux lames.

– Ensuite, nous avons essayé de fermer le circuit avec différentes sortes de « fils ».

Nous avons réussi à le faire avec des fils métalliques.

■ Nous avons cherché comment allumer l'ampoule avec une pile ronde.

– Nous avons placé l'ampoule en haut de la pile, mais, pour fermer le circuit, nous avons eu besoin d'utiliser un fil métallique.

– Nous avons mis ce fil en contact avec la vis de l'ampoule et avec le dessous de la pile.

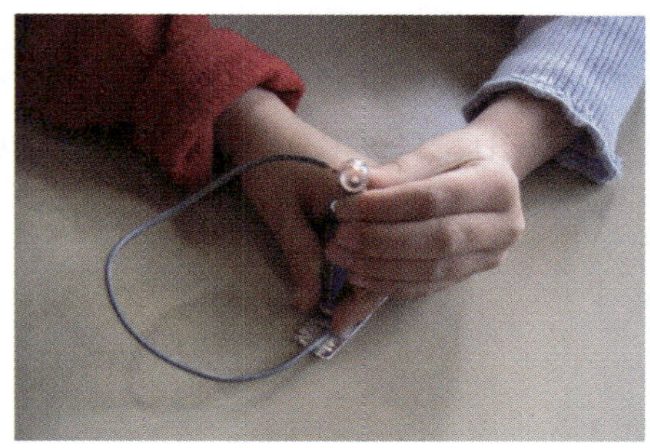

Qu'avons-nous découvert et appris ?

1. Le courant électrique ne peut circuler que dans un ______________ fermé.

Le circuit le plus simple est formé d'une ______________ et d'une ______________.

Dans une ampoule, le courant entre par **le plot**, et ressort par **la vis** (ou inversement).

2. Les métaux (fer, cuivre, aluminium, etc.) **conduisent** le courant électrique : ce sont des matériaux ______________.

Les autres matières (tissu, papier, plastique, verre, etc.) ne conduisent pas le courant : ce sont des matériaux ______________.

Mais, attention, **notre corps est conducteur** !

3. Avec une petite pile ronde, l'ampoule brille ______________ fort qu'avec une pile plate. Il faut trois piles rondes pour qu'elle brille aussi fort.

Le son (gn)

A. Entoure les images quand tu entends (gn).

B. Entoure dans ce texte tous les mots où tu entends (gn).

La dernière fois que je suis allé à la campagne, j'ai ramassé des champignons dans les bois. Je les ai mis dans mon panier. Ce jour-là, j'ai vu aussi un agneau très mignon dans un pré.

Relève les différentes façons d'écrire le son (gn).

Je retiens : le son (gn) peut s'écrire : ☐ ☐

1 Classe les mots suivants en fonction de la place du son (gn) dans le mot.

montagne – campagne – peigne – araignée – champignon – dernière
grenier – opinion – gnocchi – réunion

au début	au milieu	à la fin

Que **remarques**-tu pour le son (gn) qui s'écrit gn ?

2 Relie les mots de la même famille. **Choisis** un des mots pour faire une phrase.

montagne ▪	▪ gagner ▪	▪ compagnon
gagnant ▪	▪ accompagner ▪	▪ montagnard
accompagnateur ▪	▪ montagneux ▪	▪ gagneur

Complète la grille de mots croisés.
Trouve le mot que tu peux faire avec les lettres des cases rouges.

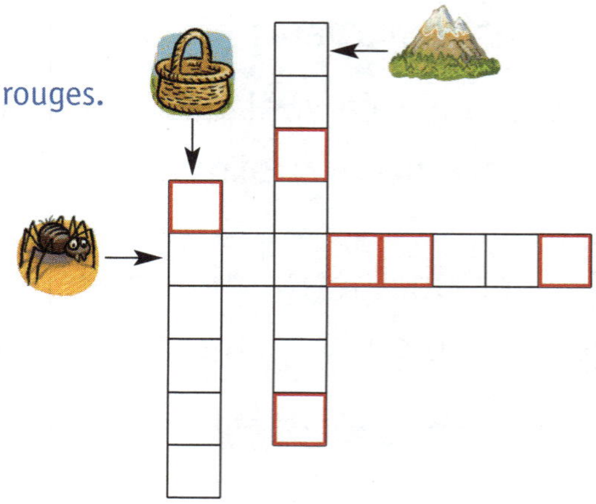

Des mots pour dire « quand » et « où »

A. Classe sur ton ardoise ou ton cahier les mots suivants :
en ce moment, autrefois, plus tard, il y a deux jours, après-demain, le mois dernier, l'an passé, dans quelques jours, bientôt

passé **présent** **futur**

B. Souligne en bleu les mots ou expressions qui indiquent un espace proche et en rouge ceux qui indiquent un espace lointain.
près, ici, là-bas, au loin, à côté, proche de, contre, juste ici, à l'horizon

Je retiens : il y a des mots qui précisent **le temps**, **le moment des actions** dans un texte. Par exemple : ____________________

Il y a des mots qui indiquent **le lieu**, **l'espace**. Par exemple :

____

1 Dans chacune des phrases, **complète** avec : hier, en ce moment, demain.

____________________, les enfants mangeront des brioches au chocolat.

____________________, Léo a trouvé un petit chat dans le jardin.

____________________, la pluie tombe.

2 **Indique** si la phrase est au présent, au passé ou au futur.

Hier soir, j'ai regardé un dessin animé très drôle. ______________

Demain, nous irons à la fête du village. ______________

En ce moment, j'écris sur mon cahier. ______________

3 **Souligne** en bleu les mots qui indiquent le temps ou le moment et en rouge ceux qui indiquent l'espace ou le lieu.
ici, demain, maintenant, là-bas, ailleurs, avant-hier, loin, bientôt, hier, à côté de

4 **Recopie** seulement les phrases au présent.
Dans une heure, nous irons à la piscine. En ce moment, nous déjeunons à la cantine. Hier, nous étions à la maison. Bientôt, je serai en vacances. Maintenant, je prépare mes affaires d'école. Plus tard, tu feras de la moto. Mon frère est malade. Il est dans son lit.

____

____

____

Des jeux électriques

Observe ces deux documents.

A

Montage électrique : Le nez du clown

- Reproduis le clown sur une feuille, puis colle ton dessin sur un couvercle de boîte à chaussures.
- Fais un trou à la place du nez pour y passer l'ampoule et sa douille. Colorie l'ampoule en rouge avec un marqueur.
- Découpe les deux bras dans du carton. Recouvre-les avec du papier d'aluminium. Fixe-les avec une attache parisienne.
- Perce les deux oreilles pour y enfiler un trombone.
- Réalise le montage électrique.

B

À chacun son drapeau

But du jeu : relier chaque enfant au drapeau de son pays.

– 1 chemise cartonnée avec un rabat.
– 1 pile plate, 1 ampoule, 1 douille.
– 2 trombones, 20 attaches parisiennes.
– 13 morceaux de fil électrique.
– 10 petits « portraits » d'enfants du monde, 10 drapeaux, 10 étiquettes séparées.

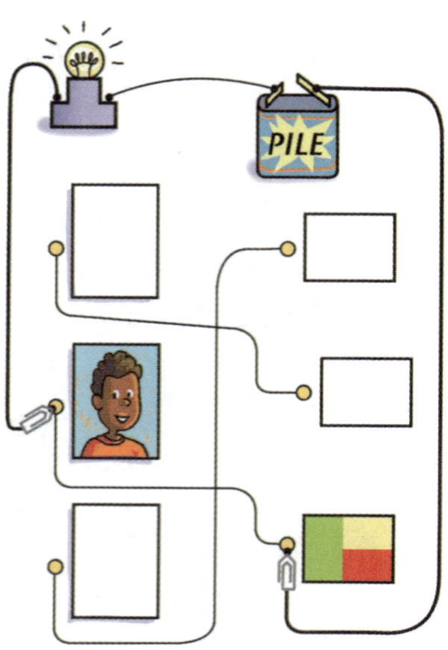

A. Préparer les 20 dessins et les coller sur la chemise. Préparer les 10 étiquettes séparées.
B. Percer la chemise à côté de chaque dessin pour y passer une attache parisienne.
C. Faire un trou en haut de la chemise pour y passer l'ampoule vissée sur la douille.
D. Fixer la pile à l'intérieur de la chemise (sous le rabat).
E. Faire le montage comme sur le croquis.

La vie autrefois

1 **Coche** la bonne réponse et **réponds** à la dernière question.

Ces deux documents sont :

☐ des recettes ☐ des conseils d'utilisation ☐ des notices de fabrication

Pour le premier jeu, il faut fabriquer :

☐ un clown avec le nez qui s'allume.
☐ un clown qui fait des grimaces.
☐ un clown avec un très gros nez.

Dans le second jeu, tu gagnes lorsque l'ampoule s'allume.
Que dois-tu faire précisément pour gagner ?

____

2 Dans le document B, **entoure** la liste du matériel nécessaire à la réalisation du jeu.

Pourquoi a-t-on besoin de deux illustrations pour chacun des jeux ?

____

____

Souligne les verbes dans chacun des documents. Que **remarques**-tu ?

____

Peut-on changer l'ordre des actions ? **Justifie** ta réponse.

____

____

Je retiens : Pour réaliser une notice de fabrication, il faut :

– la liste ______________________________

– des ______________________ ou des schémas.

– les étapes de la réalisation (chaque phrase débute par ______________).

3 Dans le document A, la liste du matériel nécessaire a été oubliée. **Écris**-la.

____

____

____

____

Couleurs et rythmes « électriques »

Par équipe, **observez** ces deux œuvres. Puis **décrivez**-les en comparant la façon dont chacune traite de l'arrivée de l'électricité (sujets représentés, couleurs, formes…). Ensuite, **réalisez** un collage ou une peinture sur le thème du feu d'artifice.

La Fée électricité (détail), Raoul Dufy, 1937-1938.

Exposition de 1900 : *Palais de l'électricité et château d'eau au Champ-de-Mars*, estampe.

Là-haut dans la montagne

Le bébé de cristal

1 **Observe** la couverture et le titre de l'album. **Imagine** le début de l'histoire et **échange** tes idées avec tes camarades.
Ensuite, **lis** le premier chapitre de l'album.

La plaque de neige devant la maison était d'un blanc éblouissant.

I
Marion

Une nuit, Marion entend des pleurs provenant de dehors. Elle sort et fait une curieuse rencontre...

C'était une douce et claire nuit de printemps. Marion s'était relevée et regardait la dernière grande plaque de neige devant le chalet. Juste à la lisière de la forêt, dans la clarté de la lune, elle était d'un blanc éblouissant. Demain mercredi, Marion y ferait encore un peu de luge. Puis, fini ! Tout serait fondu ! Soudain, des sanglots éclatèrent non loin d'elle. La fillette sursauta. Oui, c'était des pleurs, et ils semblaient venir de la plaque de neige.

2 **Réponds** aux questions.

Quand se passe l'histoire ? ______________________

Qu'entend Marion ? ______________________

____

Le son (in)

A. Entoure les dessins si tu entends (in).

B. Entoure dans ce texte toutes les façons d'écrire le son (in).

Martin a un copain qui s'appelle Sylvain. C'est son voisin. Il est très malin. Quand les freins de son vélo sont cassés, il emprunte le vélo de Martin.

C. Lis les mots suivants et **entoure** la lettre qui suit le son (in) qui s'écrit im.

un imperméable – un chimpanzé – une timbale – un timbre – simple

Je retiens : Le son (in) peut s'écrire : ☐ ☐ ☐ ☐

Lorsque le son (in) s'écrit **im**, la lettre qui suit est ☐ ou ☐

⚠ un exam**en**, bi**en**, le chi**en**
la f**aim**, le parf**um**

1 Classe les mots suivants en fonction de la place du son (in) dans le mot. Que **remarques**-tu ?

invention – mince – matin – se plaindre – copain – peindre – frein
insupportable – intérieur

au début du mot	au milieu du mot	à la fin du mot
______	______	______
______	______	______
______	______	______

2 Complète par in ou im.

Les t___bres sont très m___ces. Je prends une p___ce pour les décoller

et je les pose sur une feuille ___perméable.

Il est ___prudent de boire du v___ avant de conduire.

Prends la première syllabe écrite des mots suivants : lentille, demander, maintenir
Trouve le mot que tu peux faire avec ces syllabes et **écris** une phrase avec ce mot.

____

Prends la première syllabe écrite de : cheminée, mince

Trouve le mot que tu peux écrire : ______________________

Marion

A. Relis ce passage de l'histoire.

C'était une douce et claire nuit de printemps. Marion s'était relevée et regardait la dernière grande plaque de neige devant le chalet. Juste à la lisière de la forêt, dans la clarté de la lune, elle était d'un blanc éblouissant.
Demain mercredi, Marion y ferait encore un peu de luge. Puis, fini ! Tout serait fondu ! Soudain, des sanglots éclatèrent non loin d'elle. La fillette sursauta. Oui, c'était des pleurs, et ils semblaient venir de la plaque de neige.

B. Trouve ce que désignent les petits mots encadrés : ils et elle.

Elle était d'un blanc éblouissant.

Ils semblaient venir de la plaque de neige.

1 Souviens-toi du chapitre 1 et **réponds** aux questions.

Marion se relève. Que regarde-t-elle ?

Que découvre Marion ?

2 Entoure les mots ou les expressions qui désignent dans l'histoire ce que découvre Marion.

Deux formes — Deux minuscules créatures — Deux petits écureuils

Un homme et une femme de vingt centimètres de haut

Deux minuscules animaux — De vrais modèles réduits

Un petit garçon et une petite fille — Deux petits enfants

Deux grandes personnes toutes petites — Deux extraterrestres

Selon toi, qu'arrive-t-il aux personnages découverts par Marion ?

Des mots à construire

1 **Relie** les contraires.

impardonnable ▪ ▪ correct
incorrect ▪ ▪ supportable
impoli ▪ ▪ pardonnable
insupportable ▪ ▪ ______

Trouve le mot qui manque. **Fais** une phrase avec ce mot.

______

Observe et **continue**.

connu ______
______ impossible
prudent ______
______ invisible
buvable ______

2 **Complète** comme les modèles.

lapin → lapine
voisin → ______
cousin → ______

lointain → lointaine
humain → ______
vilain → ______

un → une
chacun → ______
aucun → ______

Choisis un des mots pour faire une phrase.

______

3 **Relie** les mots de la même famille.

jardiner ▪ ▪ prochain ▪ ▪ jardinage
peindre ▪ ▪ jardin ▪ ▪ repeindre
proche ▪ ▪ peintre ▪ ▪ prochainement

Choisis un des mots pour faire une phrase.

______

4 **Remets** les lettres en ordre pour écrire un mot. Puis **fais** une phrase avec ce mot.

n a m i t t e n a n

______

Retrouve dans le tableau les mots en gras et **colorie**-les : le nombre **vingt**, un verre de **vin**, c'est la **fin**, j'ai **faim**, un morceau de **pain**, le **pin** (l'arbre).

v	i	n	g	t	m	f	a	i	m	a	p	i	n
p	a	i	n	n	v	i	n	f	i	n	d	i	e

Trouve un mot avec les lettres qui restent et **fais** une phrase avec ce mot.

______

Reconnaître le sujet du verbe

A. Observe les images et **lis** les phrases suivantes.

Une fillette regarde la plaque de neige.

Des fillettes regardent la plaque de neige.

Entoure le verbe de chaque phrase. **Souligne** les mots qui sont devant le verbe. Que **remarques**-tu ?

B. Lis ces phrases. Que manque-t-il ?

vit dans les neiges éternelles.

vivent dans les neiges éternelles.

fond au soleil.

fondent au soleil.

Complète chacune des phrases avec l'étiquette qui convient.

Cerise | La plaque de neige | Cerise et Charbon | Les plaques de neige

Je retiens : Le mot ou groupe de mots qui commande la forme du verbe s'appelle le ________. On le trouve en posant les questions : **qui est-ce qui… ?** ou **qu'est-ce qui… ?**

1 Entoure dans chaque phrase le sujet du verbe regarder. **Fais** un pont pour indiquer la relation sujet-verbe.

Marion regarde les picoulets. **Qui est-ce qui** regarde les picoulets ? C'est Marion.
Mon frère regarde la télévision. Les enfants regardent les traces dans la neige.
Tous les jours, mon père regarde le programme de télévision.

2 Relie chaque image (sujet) avec le groupe du verbe qui convient.

- marche dans la neige.
- marchent dans la neige.

3 Dans chaque phrase, **souligne** le verbe en rouge et le sujet en bleu. Puis **fais** un pont pour relier le sujet avec le verbe.

Pierre prépare le repas. Les enfants jouent dans la cour. En hiver, la neige tombe.
Julie et Lucie partent à la piscine. Cet après-midi, les élèves récitent leur poésie.

4 **Écris** deux phrases avec les verbes suivants : mange et mangent. Attention au sujet.

Paysages de montagne

Observe ces photos et **complète** le texte. Puis **décris** ces paysages en utilisant les mots des encadrés.

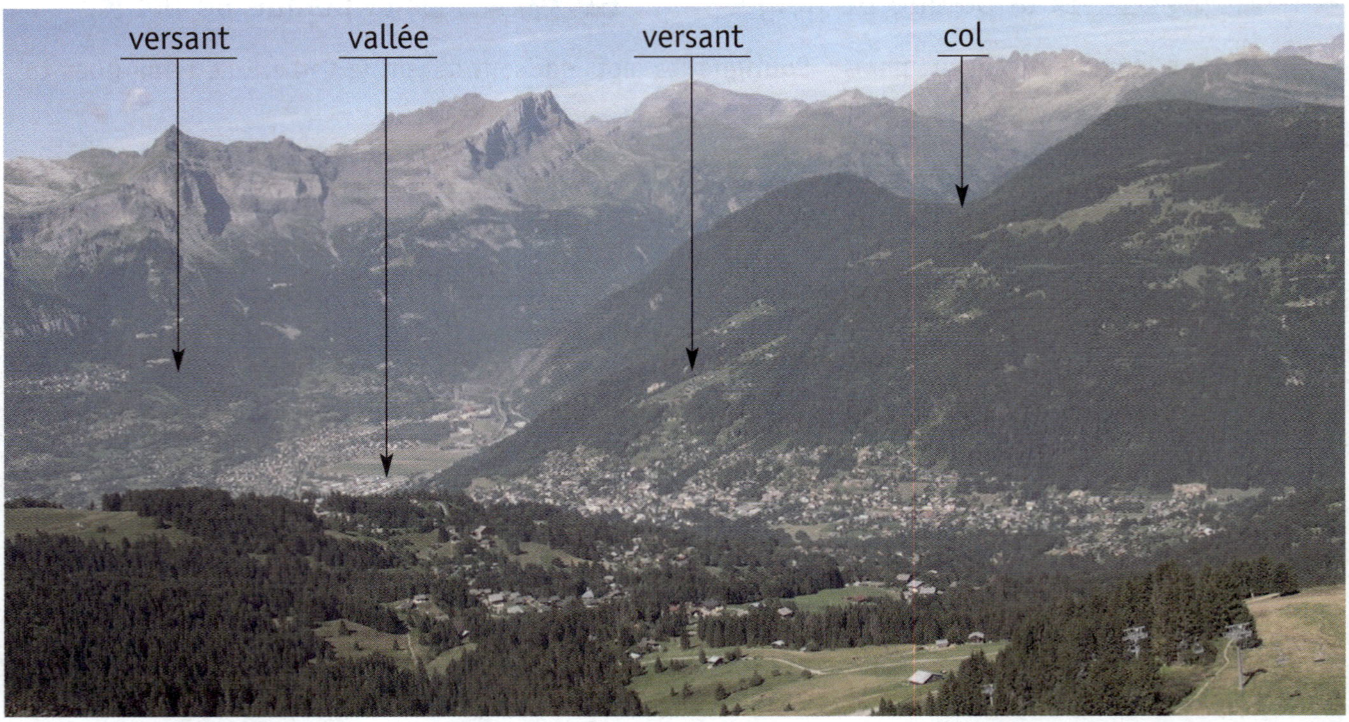

La partie la plus basse entre les ____________ de deux montagnes se nomme la ________. Un ________ est un passage entre les deux sommets permettant de passer d'une vallée à une autre.

▲ Un torrent du massif des Écrins (Alpes).

▲ Le glacier de la Brenva, Mont-Blanc (Alpes italiennes).

Les **pics**, les **cimes** et les **aiguilles** sont des noms donnés aux **sommets** des hautes montagnes.

Les hommes et la montagne

Décris ces différentes photos. **Explique** à quoi sert un barrage.

▲ Une station de ski en hiver : Saint-Gervais.

▲ Un chasse-neige.

▲ Une station de ski en été : Chamrousse.

▲ Le barrage de Castillon-sur-Verdon.

La vie en montagne dépend de la saison. Les hommes doivent s'adapter aux conditions climatiques mais aussi au relief accidenté.
Les montagnards ont souvent deux métiers : en hiver, ils travaillent dans les stations de ski, alors qu'en été ils s'occupent des animaux qu'ils ont montés dans les **alpages**.

Le son (j)

A. Entoure les dessins si tu entends (j).

B. Lis ce texte et **entoure** toutes les façons d'écrire le son (j).

Géraldine et Régis aiment aller jouer dans le jardin avec leur ballon rouge et jaune. Ils sont gentils et ils ne gênent personne.

C. Dans les mots suivants, **observe** la lettre qui suit le son (j).

une gifle – des gens – une girafe – une orange – bouger – imaginer

Y a-t-il un a ou un o après le g ?

D. Dans les mots suivants, **observe** la lettre qui suit ge.

un bourgeon – une orangeade – un pigeon – nous bougeons – en mangeant

Y a-t-il un i ou un e après ge ?

Je retiens : Le son (j) peut s'écrire : ☐ ☐

Les voyelles qui suivent **g** qui se dit (j) sont : ☐ ☐

Les voyelles qui suivent **ge** qui se dit (j) sont : ☐ ☐

⚠ du **j**azz, un **jogg**ing, une su**gg**estion

1 Classe les mots suivants en fonction de la place du son (j) dans le mot : genou – courage fragile – fromage – garage – jeudi – journal – aujourd'hui – dangereux

au début du mot	au milieu du mot	à la fin du mot
______	______	______
______	______	______
______	______	______

Que **remarques**-tu pour le son (j) qui s'écrit ge ?

2 Complète avec j ou g.

une __upe – une pa__e – des __umelles – une __ournée – un villa__e – il __ardine

Trouve les mots et **place**-les dans la grille de mots croisés.

1. Un animal qui grimpe dans les arbres.
2. Un objet qui glisse sur la neige.
3. On prend le train, l'avion, la voiture ou le bateau pour le faire.
4. La couleur du sang.

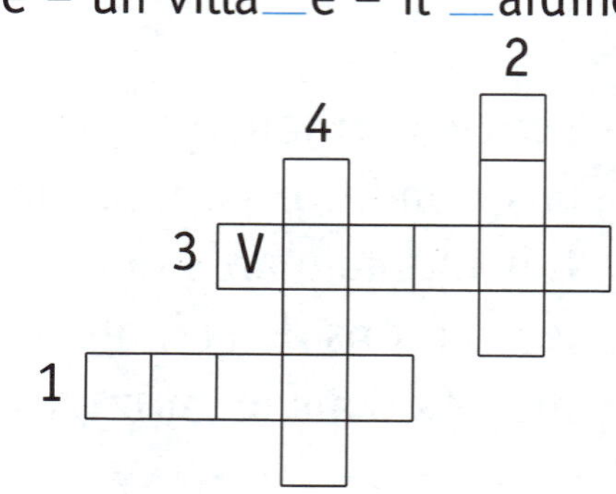

À la recherche du Bébé

A. Relis ce passage de l'histoire.

Dans la nuit, Marion remonte dans la montagne en transportant les picoulets.

La lune éclairait le paysage. Au bout d'une demi-heure de marche, le village paraissait tout petit dans la vallée. La neige semblait plus abondante par ici et, à la lisière d'une épaisse forêt, la fillette déposa le seau dans lequel se trouvaient les picoulets.
– Le col des Aravis est derrière les arbres. **Je** vais **vous** quitter là.
– Mais... et le bébé royal ?
– **Je** suis désolée. **Je** ne peux pas fouiller toute la montagne avec **vous** ! Il faut que **je** rentre à la maison.
– Ne **nous** abandonnez pas !
– Bon, **je vous** aide encore un peu.
Marion s'enfonça dans le bois. Au bout d'une heure, elle n'avait toujours rien vu.

B. Recherche pour chaque mot en gras **de qui il s'agit.**
Qui parle à qui ? **Choisis** un personnage et relisez à plusieurs ce passage.

1 **Souviens**-toi des trois premiers chapitres et **réponds** aux questions.

Que découvre Marion dans le nid ?

Comment font les picoulets pour que Marion reste avec eux et les aide ?

2 **Remets** ces paroles dans l'ordre de l'histoire. Qui parle à qui ?

Marion redescend de l'arbre et montre ce qu'elle a trouvé aux deux picoulets.

– À présent, fit Marion, je vais rentrer.
– Les pies connaissent en effet les secrets des picoulets. Voyez comme elle l'a gardé bien au frais. Oh ! quelle joie ! ajouta Charbon.
– S'il vous plaît, gentille demoiselle, accompagnez-nous encore un peu ! Nous sommes si fatigués !
– Merveilleux ! C'est sans doute une pie qui l'avait enlevé ! dit Cerise.

Des mots à construire

1 **Continue** comme sur le modèle : je nage – nous nageons – vous nagez

je range	nous ____________	vous ____________
je plonge	nous ____________	vous ____________
je partage	nous ____________	vous ____________
j'interroge	nous ____________	vous ____________

2 **Relie** les mots de la même famille.

encourager ▪	▪ bijou ▪	▪ bijouterie
voyager ▪	▪ nageoire ▪	▪ courageux
bijoutier ▪	▪ courage ▪	▪ voyageur
nager ▪	▪ voyage ▪	▪ nageur

3 **Complète** les mots.

image	ima_iner	ima_inaire
jour	_ournée	_ournal
magie	ma_icien	ma_ique

4 **Forme** deux mots avec ces syllabes et **écris** des phrases avec ces mots.

ja tou mais jours

____

____

Choisis le mot qui convient pour compléter les phrases. Puis **relie** la phrase à l'image qui correspond.

gens *ou* **gant**

Les ____________ aiment regarder la télévision.

joues *ou* **goûts**

Après cette promenade, les enfants ont les ____________ rose.

jars *ou* **gars**

Le ____________ est le mâle de l'oie.

bougons *ou* **bourgeons**

Au printemps, les ____________ grossissent.

Faire parler plusieurs personnages

A. Relis ce texte.

Dans le palais de glace, des picoulets s'approchent de Marion.
L'un d'entre eux dit :
– Tu as effondré notre entrée mais tu n'es pas venue les mains vides. Notre roi veut te parler.
– Nous te remercions, gentille fille des humains. Tu as sauvé notre fils. Prends ceci, dit le roi.
– Merci, j'en prendrai grand soin. Je me rappellerai ainsi de mon aventure. Vous êtes très gentils, répond Marion.

B. Précise qui est je, j', tu, nous et vous dans ce texte. Qui parle à qui ?

Je retiens : Dans un dialogue, à chaque fois qu'une nouvelle personne parle, je vais à la ligne et j'ajoute un ________.
Quand une personne parle d'elle-même, elle peut dire **je** ou **nous**.
Quand une personne s'adresse directement à une autre personne, elle peut dire **tu** ou ________

1 Alice parle avec quatre personnes différentes. **Retrouve** ce qu'elle dit à chacune de ces personnes.

Alice interroge ses cousines. ▪	▪ Nous avons acheté une robe.
La maman demande à Alice ce que sa cousine et elle ont fait. ▪	▪ J'ai acheté une belle robe.
Alice dit ce qu'elle a acheté au marché. ▪	▪ Tu devrais acheter cette robe.
Alice conseille sa maman. ▪	▪ Avez-vous acheté une robe ?

2 Combien de personnes parlent dans ce texte ? **Recopie** en ajoutant les tirets à leur place.

J'ai une faim de loup, dit Julien. Mets le couvert sur la table, tu mangeras plus vite, ajoute papa. Qu'as-tu préparé de bon ? demande Julien. Tu ne reconnais pas l'odeur ? répond papa.

____
____
____
____

3 **Observe** cette image et **essaie** d'écrire un petit dialogue.

____
____
____

Les montagnes de France

Observe et décris ces différentes photos représentant les plus hauts sommets de quelques massifs montagneux français. **Essaie** de les localiser sur la carte de France. Puis **écris** le nom du massif sous chaque photo.

▲ Ballon de Guebwiller (________________).

▲ Puy de Sancy (________________).

▲ Mont Blanc (________________).

▲ Pic Vignemale (________________).

Le plus haut sommet français est le mont Blanc.
Il se situe dans les Alpes et culmine à 4 807 mètres.

▲ Vue satellite.

▼ Le relief de la France

Eau solide, eau liquide

Observe les documents. **Lis** le texte et **entoure** les mots qui indiquent que l'on est en hiver.
Ensuite, **recopie** les mots en gras en les associant aux bonnes photos.

L'hiver, quand le thermomètre indique 0 °C, l'eau commence à geler. Lorsque les trottoirs et les routes sont mouillés, il se forme de la **glace** appelée verglas : il faut faire attention à ne pas glisser !
La **neige** rend également les rues et les trottoirs glissants. On met alors du sel pour la faire fondre.
Il y a souvent du **brouillard** le matin ou le soir : les voitures roulent avec prudence, phares allumés.
Quand il fait très froid, il se forme du **givre** sur les carreaux : c'est très joli quand le soleil éclaire la fenêtre ! Et si le soleil brille, mais qu'il continue de geler, il se forme des **stalactites** de glace sous les toits enneigés.

Le son i.

A. Entoure les images si tu entends le son i.

B. Lis ces mots.

rien – bien – il vient – le mien – le tien – le sien – un lien – un chien – bientôt

Quelles difficultés y a-t-il dans la lecture des lettres ien ?

Que **remarques**-tu à propos de la façon de dire le son ien ?

un lion – un papier – un mécanicien – un tapissier – un camion – un pion
attention – un pied – un gardien – un cavalier – une solution – un cerisier

Combien **entends**-tu de sons pour ion, ier et ien dans tous ces mots ?

un papillon – un grillon – briller – piller – griller – frétiller – habiller

Combien entends-tu de sons pour illon et iller ?

Je retiens : Je dois faire attention dans **ion** et dans **illon**, ou dans **ier** et dans **iller**, au nombre de ______ entendus pour bien les reconnaître.

1 **Classe** les mots en fonction du nombre de sons entendus dans chaque i.

avion – oisillon – papillon – lotion – papier – habiller – sourciller – fraisier

J'entends 2 sons	J'entends 3 sons
______	______
______	______
______	______
______	______

2 **Continue** comme le modèle.

un épicier	une épicière	un musicien	une musicienne
un sorcier	une ______	un Parisien	une ______
un fermier	une ______	un pharmacien	une ______

Trouve le mot qui veut dire le contraire et **place**-le dans la grille de mots croisés.

1. Le contraire de irrégulier.
2. Le contraire de récompense.
3. Le contraire de tout.
4. Le contraire de mal.

Le son (ÿ)

A. Lis ces mots et **entoure**-les de deux couleurs différentes suivant le son produit par (y).

pyjama – boyau – cygne – bicyclette – lycée – voyageur – moyenne

Que **remarques**-tu ?

B. Lis ces mots et **entoure** en bleu ceux où tu entends (oi) + (i), en rouge ceux où tu entends (ui) + (i) et en vert ceux où tu entends (ai) + (i).

un noyau – un tuyau – un voyage – un rayon – un crayon – un moyen
s'ennuyer – envoyer – essayer – appuyer – une frayeur

Je retiens : Dans certains mots, le **y** joue le rôle de deux ______, l'un étant rattaché à la voyelle qui ______ et l'autre à la voyelle qui ______.
Dans d'autres mots il équivaut à un **i**.

⚠ un **y**aourt – le **y**oga

1 **Complète** les mots avec ay, oy et uy.

s'enn___er – p___er – un t___au – un bal___eur – une v___elle

un p___sage – un v___age – la m___enne – c'est br___ant – j___eux

2 **Continue** comme sur le modèle.

un envoi : envoyer	nous envoyons
un essai : ______	nous ______
un ennui : ______	nous ______
un appui : ______	nous ______
une paie : ______	nous ______

Choisis le mot qui convient et réécris la phrase.

L'oiseau *s'est envolé* ou *s'est envoyé* dans le ciel.

______

On peut mettre un *voyage* ou un *voilage* sur la fenêtre.

______

Lire des tableaux

1 Observe ces documents présentant la météo de la France un 1er janvier.

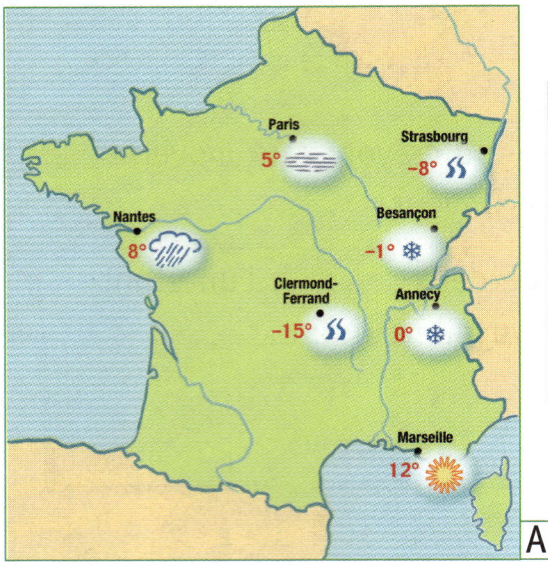

B

villes / climats	Paris	Clermont-Ferrand	Annecy	Strasbourg	Besançon	Nantes	Marseille
températures	5 °C	– 15 °C	0 °C	– 8 °C	– 1 °C	8 °C	12 °C
temps	brouillard	verglas	neige	verglas	neige	pluie	soleil

2 Lis les indications données dans le tableau B et **réponds** aux questions.

Que veut dire : – 15 °C ? ______

Qu'est-ce que Strasbourg ? ______

Dans quelle ville fait-il le plus froid ? ______

Dans quelle ville neige-t-il et fait-il – 1 °C ? ______

3 Observe le tableau B puis **colorie** en vert les entrées des lignes et en bleu les entrées des colonnes.

Coche le titre des colonnes :

☐ températures ☐ villes ☐ climats

Coche le titre des lignes :

☐ villes ☐ climats ☐ températures

4 Lis ce tableau puis **complète**-le à l'aide de la carte météo de la France un 15 mars.

temps / villes				
Bordeaux		X		
Lyon				
Nice				
Brest				
Agen				
Nancy				
Toulouse				

Là-haut dans la montagne

1 **Observe** ce tableau.

Caractéristiques / Massifs	Nom du sommet le plus élevé	Altitude en mètres	Type et forme des sommets
Alpes	Mont Blanc	4 807	Pic, aiguille
Pyrénées	Pic Vignemale	3 298	Pic
Massif central	Puy de Sancy	1 886	Puy, mont, sommet arrondi
Vosges	Ballon de Guebwiller	1 424	Ballon, sommet arrondi
Jura	Crêt de la Neige	1 718	Crêt, mont

2 **Coche** le titre qui convient au tableau parmi la liste suivante :

☐ Le plus haut sommet de France ☐ Les montagnes françaises ☐ La France

3 **Réponds** aux questions en t'aidant du tableau.

Quels sont les noms des massifs montagneux ? ____________________

____

Mon altitude est de 1 886 m. Qui suis-je ? ____________________

Quelle est l'altitude du crêt de la Neige ? ____________________

Dans quel massif trouve-t-on des puys ? ____________________

Quel est le nom du plus haut sommet des Pyrénées ? ____________________

4 **Coche** la bonne réponse. Un tableau sert à :

☐ présenter des renseignements qui se regroupent par familles.

☐ présenter des renseignements sans les organiser.

5 **Observe** les documents suivants (températures relevées du 9 au 12 février).

À Annecy

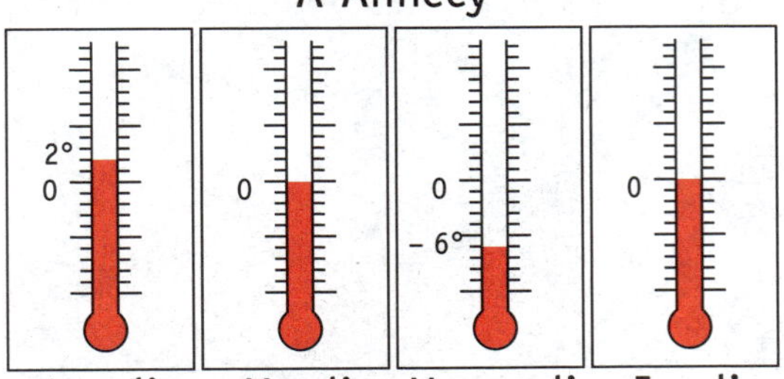

Lundi Mardi Mercredi Jeudi

À Clermont-Ferrand

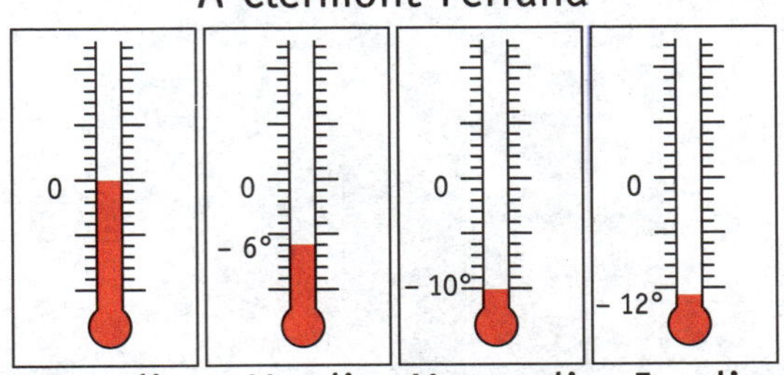

Lundi Mardi Mercredi Jeudi

Construis sur ton cahier un tableau du relevé des températures du 9 au 12 février pour les deux villes. Puis **réponds** aux questions.

Où a-t-il fait le plus froid lundi ? ____________________

Quel jour a-t-il fait – 10 °C, et dans quelle ville ? ____________________

Dans quelle ville a-t-il fait le plus chaud ? ____________________

Une drôle de course...

Observe ce dessin. Par petits groupes, **imaginez** ce que chaque personnage peut dire. Vous pouvez ensuite **jouer** la scène entre vous en vous donnant la réplique.

Décrire une peinture

Observe et **décris** ce tableau.

Montagne enneigée, Karl Schmidt-Rottluff, 1950.

En voyage

Un voyage en montgolfière

1 **Écoute** l'histoire *Un voyage en montgolfière*. **Lis** cette bande dessinée. Pourquoi Jeanne a-t-elle pu faire un voyage extraordinaire ?

2 **Observe** cette photo. As-tu déjà vu des montgolfières ? **Sais**-tu comment ces « ballons » fonctionnent ?

Le son (ill)

Lis ces mots.

une quille – une bille – une fille – une béquille – une grille – un grillage
un billet – juillet – des rillettes – des coquillettes – une fillette – une cheville

Je retiens : Le son (ill) s'écrit **ill**. *Exemples :* une famille, un papillon
⚠ mi**ll**e – mi**ll**ier – un vi**ll**age – une vi**ll**e – **ill**uminer

1 **Classe** les mots suivants.

une aiguille – une illusion – un village – illégal – un coquillage – une grille
une fillette – mille – une ville – illogique – un grillon – une famille

J'entends (ill)	J'entends (il)

Que **remarques**-tu pour les mots commençant par ill ?

2 **Écris** sur la même ligne les mots de la même famille.

habiller – habileté – habilement – utile – habillage – utilement – travail – habile
utilité – travailleur – utiliser – habillement – travailler

Choisis un mot de chaque famille et écris des phrases avec ces mots.

Choisis le bon mot et **réécris** la phrase. **Relie** l'image à la bonne phrase.

La maman *habile* ou *habille* son bébé.

Je mets une *pile* ou une *pille* dans mon jeu électronique.

Le départ

Lis ce texte.

Jules et Lina ont trouvé des photos de leur arrière-grand-mère participant à un voyage en montgolfière. Jeanne leur raconte son aventure extraordinaire.

– Raconte, Mamie, raconte ! demande Lina, passionnée. Qu'est-ce qui s'est passé ?
– Et bien, nous sommes partis un matin de juillet. Il faisait beau, il n'y avait pas de vent. Des conditions idéales pour un voyage en montgolfière !
Nous étions quatre dans la nacelle : monsieur Blériot, qui était le propriétaire du ballon, le maire avec sa femme, et moi. Monsieur Blériot a allumé le gros brûleur pour faire chauffer l'air et le ballon de la montgolfière s'est rapidement gonflé. Ce ballon était magnifique : bleu et décoré d'un bel oiseau jaune déployant ses ailes. Une fois le ballon gonflé, monsieur Blériot a largué les amarres et nous nous sommes lentement envolés. Je me souviendrai toujours de cette ascension. C'était à la fois merveilleux et inquiétant. Les maisons devenaient de plus en plus petites, jusqu'à ressembler à des maisons de poupées. Les gens aussi devenaient minuscules, on aurait dit des fourmis courant dans tous les sens.
– Vous êtes montés jusque dans les nuages ? demande Jules.
– Il n'y avait pas de nuages ce jour-là, répond Jeanne, mais nous sommes montés très haut et il commençait à faire froid. À un moment, monsieur Blériot a jugé qu'il était temps de redescendre. Il a voulu diminuer la flamme du brûleur, mais le mécanisme est resté bloqué...
Nous avons donc continué à monter. Dans la nacelle, plus personne ne riait…

Réponds aux questions.

Quelles sont les conditions idéales pour un voyage en montgolfière ?

______

Combien y a-t-il de voyageurs ? Qui sont-ils ?

______

______

Pourquoi les maisons ressemblent-elles à des maisons de poupées ?

______

______

Le verbe se modifie

A. Observe les dessins. **Relie** chaque phrase au dessin qui correspond.

▪ Une montgolfière s'envole. ▪

▪ Des montgolfières s'envolent. ▪

Qu'est-ce qui change dans le verbe ? Qu'est-ce qui change dans les autres mots ? **Ajoute** les ponts.

B. Observe les dessins. **Relie** chaque phrase au bon dessin.

La fillette grimpe dans la nacelle. ▪

Elle grimpe dans la nacelle. ▪

Le garçon grimpe dans la nacelle. ▪

Il grimpe dans la nacelle. ▪

▪ Les fillettes grimpent dans la nacelle.

▪ Elles grimpent dans la nacelle.

▪ Les garçons grimpent dans la nacelle.

▪ Ils grimpent dans la nacelle.

Je retiens : Quand le groupe sujet est au singulier, le verbe est au singulier.
Quand le groupe sujet est au pluriel, il se termine par ______ .
Le verbe se met alors au pluriel : il se termine par ______ .
Exemple : Les fillettes grimpent.

Il, **elle**, **ils**, **elles** remplacent parfois le groupe sujet (ce sont des pronoms).

1 Classe ces mots dans le tableau. Que **remarques**-tu pour les mots au pluriel ?

Julie – une voiture – des plantes – mes amis – mon cartable – les fenêtres
Paul et Léo – le soleil – des nuages – ma guitare – tes enfants – il – elle – ils

Une seule chose ou personne	Plusieurs choses ou personnes

2 Entoure les terminaisons des verbes et **relie** le verbe au pronom sujet qui correspond.

Il ▪ ▪ plonge ▪ ▪ Elles

Ils ▪ ▪ plongent ▪ ▪ Elle

3 Mets le groupe sujet au pluriel et **change** la terminaison du verbe.

Le chat ronronne. → Les chats ______

La porte claque. → Les portes ______

Un élève dessine. → Des ______

Se repérer dans le dictionnaire

Dans un dictionnaire, les mots sont classés dans l'ordre alphabétique.

A. Observe ton dictionnaire.
Pour t'aider à savoir où est un mot dans le dictionnaire, tu dois te repérer rapidement dans l'ordre alphabétique. **Colorie** en bleu les neuf premières lettres et en vert les neuf dernières.

A B C D E F G H I J K L M N O P Q R S T U V W X Y Z

B. Entoure les mots qui sont au début de ton dictionnaire.

armoire – voiture – balançoire – savon – pain – timbre

Entoure les mots qui sont à la fin de ton dictionnaire.

moto – voiture – arbre – zéro – image – copain

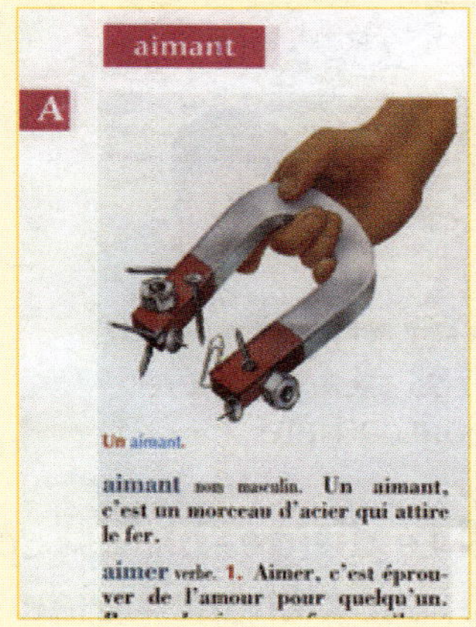
aimant

A

Un aimant.

aimant nom masculin. Un aimant, c'est un morceau d'acier qui attire le fer.

aimer verbe. 1. Aimer, c'est éprouver de l'amour pour quelqu'un.

C. Ces mots commencent tous par la même lettre.
Comment les classer par ordre alphabétique ?
Entoure la deuxième lettre de chaque mot et, si nécessaire, la troisième.
Que **remarques**-tu ? **Essaie** maintenant de **classer** ces mots.

lundi – lampe – loupe – livre | table – tartine – taupe – tapis

Je retiens : L'ordre alphabétique permet de classer les mots dans le ______________
Si les mots commencent par la même lettre, on regarde la **deuxième lettre**.
Si les deux premières lettres sont identiques, on regarde la ______________ **lettre**.

1 Est-ce que j'ouvre mon dictionnaire au début, au milieu ou à la fin pour chercher les mots suivants ?
Entoure la bonne réponse.

bateau	au début	au milieu	à la fin
zéro	au début	au milieu	à la fin
moineau	au début	au milieu	à la fin
omelette	au début	au milieu	à la fin
univers	au début	au milieu	à la fin

2 **Classe** les mots suivants dans l'ordre alphabétique. Pour t'aider, **entoure** la première lettre ou, si nécessaire, la deuxième ou la troisième lettre.

tarte – matin bébé – image	four – farine fille – fumée	non – nous nom – note
______________	______________	______________
______________	______________	______________
______________	______________	______________
______________	______________	______________

Voyager autrefois dans les airs

1 **Observe** ces documents et **lis** ces textes.

1783 : La première montgolfière.

■ En 1783, les **frères Montgolfier** fabriquent un ballon en tissu gonflé à l'air chaud qui permet de s'élever dans le ciel et de parcourir quelques kilomètres.
C'est la première **montgolfière**.
Actuellement, pour leurs loisirs, certaines personnes utilisent ces ballons.

■ Le **dirigeable** est composé d'une enveloppe en caoutchouc rigide remplie de gaz.
Les passagers prennent place en dessous dans une *nacelle*.
Certains dirigeables ont pris feu pendant leur vol.

1900 : Le *Zeppelin*, premier ballon dirigé.

1890 : L'avion de Clément Ader nommé l'*Éole*.

■ En 1890, l'ingénieur **Clément Ader** invente un appareil qu'il appelle « **avion** ». Il ne quitte le sol que sur 50 m.

1909 : Première traversée de la Manche par Louis Blériot.

■ L'aviation s'est développée rapidement.
Les premiers aéroplanes transportaient seulement le pilote.
Ensuite, ils transportèrent le courrier et quelques passagers.

1927 : Charles Lindbergh est le premier à traverser l'Atlantique (New York-Paris). Son vol dura 33 heures et 30 minutes. Ce fut un exploit prodigieux.

2 **Décris** sur ton cahier ces différents moyens de transport (matériaux, formes...). Comment fonctionnent-ils ?

Fabriquer une éolienne

1 **Suis** les différentes étapes pour fabriquer une éolienne qui va mesurer la vitesse du vent.

Matériel : une feuille de papier format 21 × 29,7
une bande de papier de 40 cm de long × 20 cm de large
une épingle à tête de verre, 2 perles, 1 bouchon de liège
une bouteille de plastique, des billes, ou des perles, ou du gravier...

A Plie une feuille en 4. Trace un arc de cercle. Découpe en suivant le trait.

Regarde comment faire 4 ailes.

Rabats chaque aile vers le centre. Mets un point de colle.

Moulin terminé.

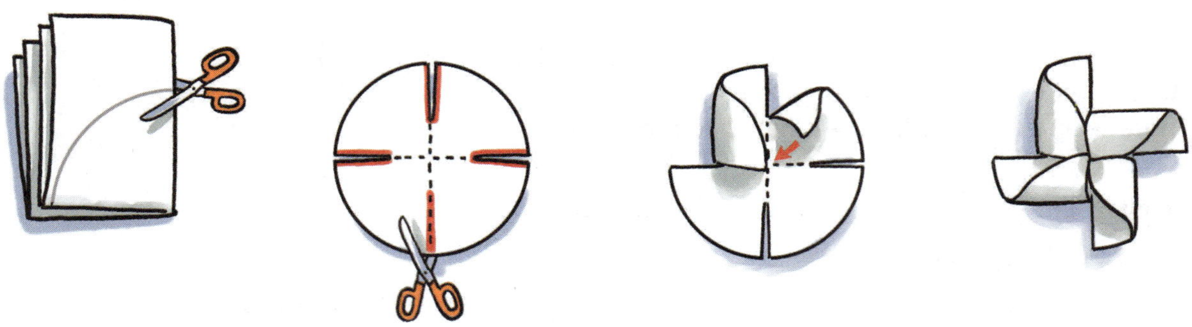

B Roule la bande de papier en biais. Après, fixe le bout avec de l'adhésif. Coupe les 2 pointes. Le manche de l'éolienne est prêt.

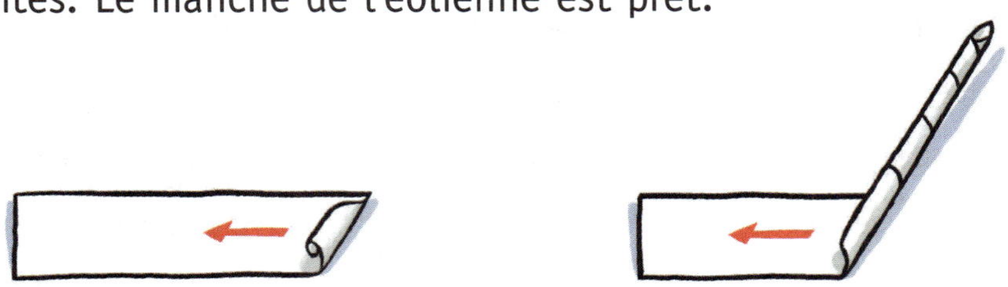

C Observe le dessin et fais la même chose pour monter l'éolienne.

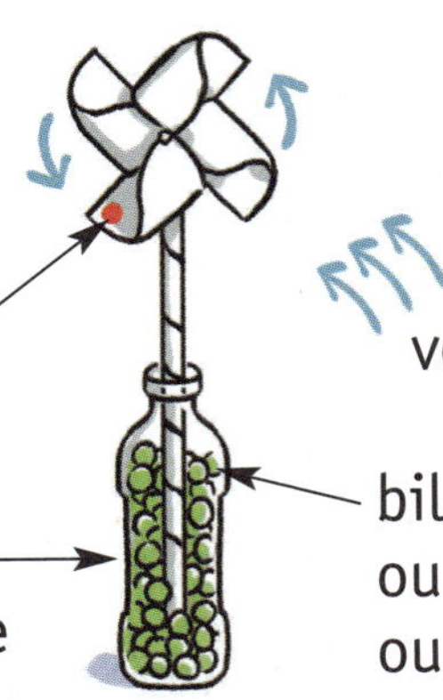

2 **Installe** l'éolienne dehors pour mesurer la vitesse du vent.
Compte le nombre de tours pendant deux minutes. **Compare** avec un autre jour.
Que peux-tu en conclure ?

Les pronoms sujets

Observe ce dessin et **lis** les phrases.

Je saute.	Léa et moi sautons.	Nous sautons.
Tu sautes.	Léa et toi sautez à la corde.	Vous sautez.
Il saute.	Louis saute.	Ils sautent.
Elle saute.	Margot saute.	Elles sautent.

Après avoir observé l'illustration, **précise** qui pourrait dire chaque phrase.
Attention, il y a parfois plusieurs solutions.
Repère le verbe et **souligne** le sujet. Que **remarques**-tu quand le sujet change ?

Je retiens : Les pronoms sujets remplacent des mots.

Singulier	**Pluriel**
Moi → **je**	Quelqu'un et moi → **nous**
Toi → **tu**	Quelqu'un et toi → **vous**
Téo → **il**	Téo et Louis → **ils**
Margot → **elle**	Léa et Margot → **elles**

Les pronoms sujets aident à trouver la terminaison du ______________
Je saut**e**, nous saut**ons**, tu saut**es**, vous saut**ez**, il saut**e**, ils saut**ent**

1 Relie le pronom sujet au groupe de mots qui lui correspond.

mes enfants et moi ▪	▪ tu ▪	▪ Céline et toi
	▪ nous ▪	
le bateau à voiles ▪	▪ il ▪	▪ moi
	▪ je ▪	
toi ▪	▪ vous ▪	▪ Julien

2 Complète avec le bon pronom sujet : je, tu, nous, vous.

__________ regardes trop la télévision. __________ buvons notre café après le déjeuner.

__________ chante sous la douche. __________ courez jusqu'à la ligne bleue.

__________ écoutons un disque. __________ ramasses des champignons.

La marée noire

1 **Lis** cette bande dessinée.

2 **Réponds** aux questions.

Où sont Lina et Jules ? ______________________________

Pourquoi y a-t-il des gendarmes sur la plage ?

____

Pourquoi Jules pense-t-il qu'il y a des extraterrestres sur la plage ?

____

Les sons ail, ouil, euil, eil

A. **Lis** ces mots.

détail – fenouil – bataille – réveil – abeille – nouille – fauteuil – feuille – seuil

Écris sur ton ardoise ou ton cahier **un** ou **une** devant chacun de ces mots. Que **remarques**-tu ?

B. **Lis** ces mots. Que **remarques**-tu ?

je travaille – elle se réveille – il rouille – je bâille – il taille

> **Je retiens :** Les sons ail ouil euil eil s'écrivent **ail**, **ouil**, **euil**, **eil** à la fin des noms masculins. Ils s'écrivent **aille**, **ouille**, **euille**, **eille** à la fin des noms ________ et à la fin des verbes conjugués au présent avec **je**, **il** ou **elle**.

1 **Complète** les mots avec il, ill ou y.

un fauteu___ – un chevreu___ – une ra___ure – netto___er – un brou___on – essa___er
un no___au – une feu___e – une ore___e – le sole___ – une bata___e – un feu___age

2 **Trouve** un mot de la même famille et **fais** une phrase avec ce mot.

feuillu – feuillage ________________

____

ensoleillé – ensoleillement ________________

____

travailler – travailleur ________________

____

batailler – bataillon ________________

____

Choisis le mot qui convient et **réécris** la phrase correctement.

La pluie *moule* ou *mouille* ma chemise.

____

Le fer *roule* ou *rouille* à l'air.

____

Trouve un nouveau mot en enlevant à chaque fois une seule lettre.

Écris une phrase avec chaque dernier mot que tu as trouvé.

un bail	un seuil	une faille
un ________	s ________	une ________
	du ________	une ________
		un ________

____

____

Les phrases interrogatives

A. Lis ce texte.

Les petits-enfants interrogent toujours leur arrière-grand-mère.
– Quand as-tu fait ton voyage en montgolfière ?
– Juste après la guerre, en 1918.
– Qui t'a proposé ce voyage ?
– C'est monsieur Blériot, le propriétaire du ballon et le maire de mon village.
– Est-ce que tu es allée en Chine, avec ta montgolfière ?
– Non, on ne pouvait pas faire un aussi long voyage.
– Est-ce que vous êtes montés jusque dans les nuages ?
– Non, il n'y avait pas de nuages ce jour-là.
– Où es-tu allée, alors ?

B. Retrouve les phrases qui servent à poser des questions. Que **remarques**-tu à la fin de ces phrases ? Par quels mots interrogatifs commencent ces phrases ? **Entoure**-les.
Cherche d'autres mots qui servent à poser une question.

Je retiens : Les phrases qui posent des questions s'appellent des **phrases interrogatives.** Elles se terminent toujours par un ______________________.
Pour poser une question, on peut utiliser des mots comme :
qui, **où**, **quand**, **pourquoi**, **combien**, **est-ce que**…

⚠ Il y a d'autres façons de poser des questions.
Exemple : Êtes-vous montés jusqu'aux nuages ?

1 Relie chaque question à sa réponse.

Où allez-vous ? ▪	▪ Il est midi.
Quel âge as-tu ? ▪	▪ Oui, je suis gourmand.
Es-tu gourmand ? ▪	▪ Nous allons à la piscine.
Quelle heure est-il ? ▪	▪ J'ai sept ans.

2 Ajoute un point [.] ou un point d'interrogation [?].

Où est-il caché ___	Elle est rouge ___	Allez-vous à la piscine ___
Il arrive demain ___	Est-ce qu'il pleut ___	J'ai construit une maison ___

3 ✎ **Trouve** la question posée pour chaque réponse.

____ Je viendrai **demain.**
____ J'habite **Avignon.**
____ Je m'appelle **Zoé.**

Des témoignages du passé

Lis ces témoignages.

À la ville

En 1910, mon arrière-grand-père avait huit ans. Les villes ne ressemblaient pas à ce que nous connaissons aujourd'hui.

▲ Paris, vers 1910.

Dans les rues, il y avait des automobiles, les premiers autobus et encore quelques voitures à cheval. C'était amusant de voir tous ces véhicules circuler les uns à côté des autres.
Il n'y avait pas de feux aux carrefours, mais des policiers qui réglaient la circulation. Ils étaient drôles avec leur képi, leur sifflet et leur bâton blanc.
Ils s'agitaient, le bras levé, au milieu des places.
À la sortie des écoles, ils aidaient les élèves à traverser en faisant attendre toutes les voitures.

Comme Jules et Lina, tu vas chercher des témoignages du passé.
Tu vas composer un questionnaire à destination de tes grands-parents ou de personnes âgées.

1 **Choisis**, avec tes camarades, un sujet sur lequel tu aimerais avoir des renseignements concernant la jeunesse de tes grands-parents : leur école, leurs jeux, leur cuisine, leurs moyens de transport, leurs vacances…

2 **Recherche** oralement, avec tes camarades, les questions les plus intéressantes.
Évite les questions dont la réponse est oui ou non.
✎ **Écris** ces questions pour ne pas les oublier. N'oublie pas les mots interrogatifs et les points d'interrogation.

Des témoignages du passé

Au lavoir

Autrefois, laver le linge demandait du temps… et du courage !
C'était toute une organisation. Ma grand-mère m'a raconté comment elle faisait.

▲ Lavandières en 1966.

Elle partait de bonne heure au lavoir avec sa brouette remplie de linge. Elle retrouvait les autres femmes du village. Toute la matinée, elle frottait et rinçait le linge tout en discutant avec ses amies. Elle rentrait épuisée par l'effort fourni et les mains abîmées par l'eau froide.
Puis la machine à laver le linge a été inventée.
Ma grand-mère était bien contente de ne plus frotter le linge à la main, surtout en hiver. Pourtant, elle a toujours regretté ces matinées où elle pouvait sortir de chez elle et discuter avec ses amies.

À l'aide des réponses que tu as obtenues, tu vas écrire maintenant un petit texte.

3 **Présente** la personne que tu as interrogée pour que l'on comprenne bien de qui et de quoi il s'agit. Exemple : en 1950, mon papi avait huit ans… Quand ma grand-mère était petite, elle vivait…
Recherche ce qui est le plus intéressant dans les réponses. Ne garde qu'un ou deux exemples : il faut raconter ce qui était vraiment très différent de maintenant.

La pollution

La pollution à la plage

Observe ces photos. À quoi sont dues ces différentes formes de pollution ? Comment peut-on faire pour y remédier ? Pourrait-on les éviter ?

Les différentes formes de pollution

La terre, le ciel et les océans ne sont pas toujours en « bonne santé ».

Observe ces photos et **trouve** celles qui correspondent à la pollution de l'air et celles qui correspondent à la pollution de l'eau.

L'air, c'est la vie !
Les hommes et la majorité des êtres vivants ont besoin d'air pour vivre. Seulement, il faut qu'il soit le plus pur possible...

A

B

La pollution industrielle et les gaz rejetés par les véhicules entraînent un réchauffement climatique, aggravé par un trou dans la couche d'ozone : un million d'espèces risquent de disparaître d'ici 2050.

C

D

Pas de vie sans eau !
Seulement, l'homme la pollue souvent.
Et dans certains endroits, elle manque énormément (on parle de pénurie).
Il faut donc la préserver.

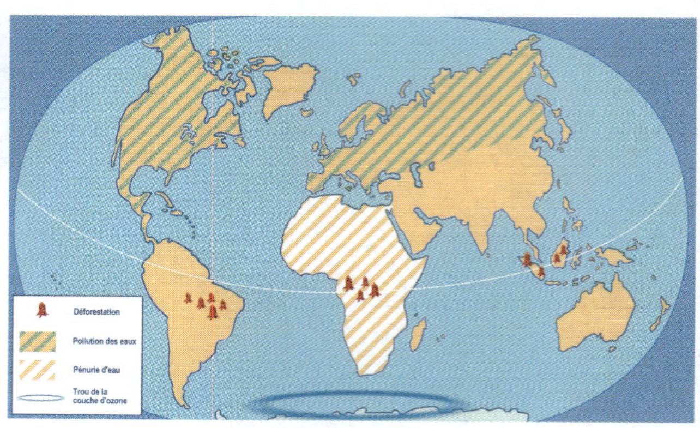

Qu'avons-nous expérimenté ?

Complète les textes.

■ Nous avons fait une cloche à plongeur avec un verre retourné dans l'eau : le mouchoir tout au fond du verre est resté _____ à cause de l'air présent dans le verre : _____ empêchait l'eau de monter.

■ Nous avons observé un « carillon suédois » : le moulinet s'est mis à _____ quand les bougies ont été allumées. Avec notre main, nous avons senti l'air chaud qui _____.

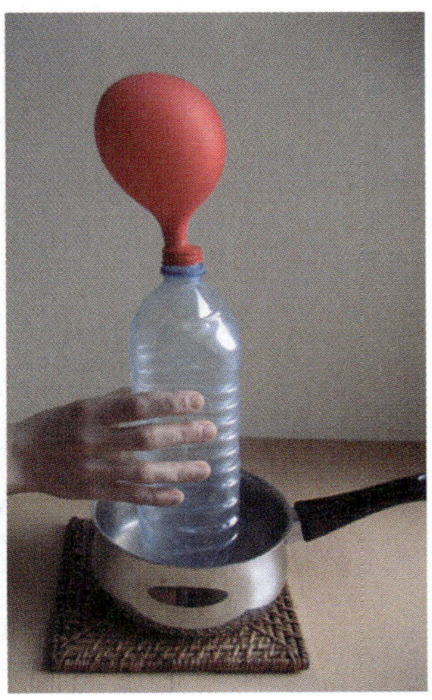

■ Nous avons observé une bouteille froide coiffée d'un ballon dégonflé. Quand elle a été mise dans de l'eau chaude, on a vu le ballon se _____ un peu. C'est à cause de l'air dans la bouteille : l'air prenait plus de place parce qu'il était _____.

Qu'avons-nous découvert et appris ?

■ L'air est de la matière. Sa matière s'appelle un _____. L'air est partout autour de nous : il remplit même tout ce qui est creux et « vide ».

■ De l'air que l'on chauffe prend plus de place que de l'air _____ : on dit alors que l'air se dilate en chauffant. C'est pour cela que l'air chaud _____ .

■ D'autres matières se _____ aussi. Par exemple, le liquide coloré des thermomètres monte dans le tube quand il est mis dans un endroit plus chaud.

Les sons (eu) fermé et (eu) ouvert

A. Entoure en rouge les images quand tu **entends** (eu) fermé comme dans deux
et en noir quand tu **entends** (eu) ouvert comme dans peur.

B. Lis ces mots où tu **entends** (eu) comme dans deux.

un peu – un pneu – deux – heureux – peureux – des bœufs – des vœux – du feu

C. Lis ces mots où tu **entends** (eu) comme dans peur.

une odeur – un facteur – un docteur – seul – un œuf – un tilleul – un menteur
un chauffeur – la douceur – une chaleur – la peur – un bœuf – une sœur

Entoure les syllabes qui contiennent le son (eu) ouvert. Dans ces syllabes, y a-t-il une voyelle ou une consonne après le **eu** ?

Je retiens : Le son (eu) peut s'écrire : ☐ ☐

Lorsque le son (eu) est ouvert comme dans *peur*, la lettre qui suit le son (eu) dans la syllabe est une ______________________ .

⚠ un œil – un œillet

1 Complète par eu ou e.

p__tit – p__ – un ch__min – fam__x – malh__r__x – un m__nu – l'h__re

une cr__vette – un m__lon – un f__tre – la p__r – une od__r – d__main

2 Trouve d'autres familles de mots comme les modèles donnés.

chanter chanteur chanteuse | ______________________

danser danseur danseuse | ______________________

Barre les mots en gras dans la grille. **Trouve** un mot avec les lettres qui restent et **écris** une phrase avec ce mot.

Le **cœur** est dans le **corps**. C'est ma **sœur**. Il **sort** dans la rue. Elle a **peur**.
Ce **port** de pêche est très joli. Léa aime le **beurre**. Il arrive au **bord** de l'eau.

c	o	e	u	r	s	o	r	t
o	d	s	o	e	u	r	u	
c	o	r	p	s	b	o	r	d
p	e	u	r	p	o	r	t	c
b	e	u	r	r	e	e	u	r

____

Conjuguer un verbe

A. Lis ces phrases.

Hier, Camille a rangé sa chambre. En ce moment, Camille range sa chambre. Demain, Camille rangera sa chambre.

Souligne le verbe en rouge. A-t-il changé ? Le sujet est-il le même ? Pourquoi le verbe change-t-il ?

B. Lis ces phrases.

Je range ma chambre. Paul et Cécile rangent leur chambre. Vous rangez votre chambre.

Souligne le verbe en rouge et **retrouve** le sujet. Est-il le même ? Pourquoi le verbe change-t-il ?

Je retiens : Le verbe **change de forme** :
– Selon **le moment de l'action** (__________, __________, __________).
Exemple : j'ai rangé, je range, je rangerai
– Selon **le sujet** (je, tu, il, elle, nous, vous, ils, elles, Pierre, la voiture…).
Exemple : je range, tu ranges, ils rangent
On dit que le verbe ________________.

1 **Observe** les tableaux de conjugaison pages 150-151. **Relève** les pronoms sujets. **Complète** les phrases suivantes avec le pronom sujet qui convient. Attention, parfois il y a plusieurs solutions.

______ se lavent les mains. ______ prépare mon cartable. ______ ne trouvons plus nos sacs. ______ manges trop de bonbons. ______ avez beaucoup de chance. ______ récitent leur poésie. ______ suis en retard. ______ écoutons attentivement.

2 **Lis** cette phrase et **réponds** oralement aux questions.

Je regarde de vieilles photos.

À quel temps est cette phrase ? Quelle est la terminaison du verbe à l'infinitif ?

Conjugue oralement cette phrase au présent. À quelle conjugaison de la page 150 ressemble-t-elle ? Pourquoi ? **Écris** sur ton cahier cette conjugaison.

3 **Réponds** aux questions.

Que retrouve-t-on le plus souvent à la fin des verbes avec **nous** et **vous** (quels que soient le verbe et le temps) ? Nous : __________ Vous : __________

Si tu vois un **e** à la fin d'un verbe, quels sont les pronoms sujets possibles ?

____

Si tu vois **nt** à la fin d'un verbe, quels sont les pronoms sujets possibles ?

____

Lire la presse

Observe ce document
et **réponds** aux questions.

Le Petit Quotidien

ISSN 1288-6947

Samedi
11 mars 2006

La météo de demain

Grand prix des médias 1999

Lire chaque jour un vrai journal, dès 7 ans

Tous les jours sauf dimanche et lundi

n°1977 - 0,38 €

Le Petit Quotidien est édité par Play Bac, le créateur des *Incollables*
Ce journal est imprimé sur papier PEFC

www.playbacpresse.fr
www.playbacpresse.fr/blogdurec

Les Français jettent encore trop de déchets

Nos poubelles débordent, car chaque Français y met 360 kilos de déchets par an. Des publicités à la télé nous rappellent qu'il faut moins jeter.

Image de la publicité « Réduisons vite nos déchets, ça déborde ».

À tous les enseignants abonnés, une enveloppe Play Bac Presse. Aux abonnés individuels, un encart Play Bac Presse.

9 gestes pour réduire ses déchets page 2

Le récit de Nicolas Vanier page 3

Le Petit Quotidien, *le seul quotidien d'actualité dès 7 ans*, www.playbacpresse.fr

1. Ce document est-il :
un roman ? un journal ?
une bande dessinée ?
un livre documentaire ?

____

Quels sont les indices qui t'ont permis de répondre ?

____

____

____

____

2. À qui ce document est-il destiné ? ____________________

3. Quelle est sa date de parution ? ____________________

Le trouveras-tu tous les jours ? ____________________

4. Quel est son prix ? ____________________

5. Que vas-tu découvrir en le lisant ? Comment le sais-tu ?

____

____

____

Observe ces deux journaux et **réponds** aux questions.

le Petit Quotidien

Jeudi 26 mai 2005

La météo de demain

Grand prix des médias 1999 — Lire chaque jour un vrai journal, dès 7 ans

Tous les jours sauf dimanche et lundi — n° 1762 - 0,36 €

www.lepetitquotidien.com

Plus de 8 Français sur 10 contre les sacs en plastique

Selon un récent sondage, plus de 8 Français sur 10 veulent que l'on supprime la distribution de sacs en plastique dans les magasins. Car ils polluent.

Protéger la nature page 2 — Des Indiens en visite en France page 3

le Petit Quotidien

Vendredi 7 février 2003

La météo de demain

jour un vrai journal, dès 7 ans

Tous les jours sauf dimanche et lundi — n° 1160 - 0,32 €

www.lepetitquotidien.com

5 questions pour comprendre les marées noires

Depuis plusieurs semaines, du pétrole pollue en Europe. Celui du *Prestige*, en Espagne et dans le sud de la France. Celui du *Tricolor*, en mer du Nord...

Numéro spécial — Le pétrole page 2 — 5 questions sur les marées noires page 3

1 **Surligne** les titres et colorie le texte qui s'appelle un **chapeau**.

2 **Relie** chaque quotidien au titre de l'article que tu pourras y trouver.

Quotidien du jeudi 26 mai 2005 ▪	▪ La pollution par le pétrole
Quotidien du vendredi 7 février 2003 ▪	▪ Éviter la pollution par les sacs plastique
Quotidien du samedi 11 mars 2006 ▪	▪ Les poubelles débordent

3 **Imagine** le titre et le chapeau de la première page d'un quotidien (la **une**).
Pense à une animation dans ton école ou dans ta ville, ou reporte-toi au travail réalisé sur l'économie de l'eau...

Titre : ____________________

____

Chapeau : ____________________

____

____

Air et mouvement

Observe ces deux tableaux. **Décris**-les et **compare**-les. **Indique** celui que tu préfères et **dis** pourquoi.

Et toi, si tu devais représenter l'air, que choisirais-tu ?

Fais un dessin ou un collage sur le thème de l'air.

Le Baiser, René Magritte, XXᵉ siècle.

Poisson volant, Terry Clark, XXᵉ siècle.

À travers livres

Kimamila et la clé des rêves

1 **Observe** la couverture et le titre de l'album. **Imagine** le début de l'histoire et **échange** tes idées avec tes camarades.
Ensuite, **lis** le premier chapitre de l'album.

I

La dispute

Il pleut. Alex, Pauline et Julien sont bien contents, ils vont pouvoir regarder la télévision....

– Chouette, il pleut !
Trois enfants regardent les gouttes de pluie couler le long des carreaux.
– On va enfin pouvoir regarder la télévision ! dit Alex, le plus grand.
– Bonne idée, ajoute Pauline, sa petite sœur. Depuis que nous sommes chez Papy, nous avons fait des promenades dans la forêt, nous sommes allés à la pêche, nous avons visité une ferme... mais nous n'avons pas regardé la télévision. Même pas une minute !
Pauline parcourt le programme de télévision.
– Nous allons regarder Robinson Crusoé ! déclare-t-elle. C'est l'histoire d'un homme perdu sur une île déserte. Il essaie de faire pousser des légumes pour se nourrir.

5

2 **Réponds** aux questions.

Comment s'appellent les trois enfants de cette histoire ? ____________________

Pourquoi sont-ils contents qu'il pleuve ? ____________________

____

La lettre (x)

Lis ces mots.

le luxe – la boxe – exister – fixer – examiner – excellent – un exemple
exploser – une taxe – exacte – un axe – un exercice – explorer – l'extérieur

La lettre x a-t-elle toujours le même son ? **Entoure** les mots où la lettre x se dit (gz). Puis **entoure** les lettres qui sont juste avant et juste après le x qui se dit (gz). Que **remarques**-tu ?

Je retiens : La lettre **x** peut se prononcer : [ ] [ ]

Lorsque le **x** se dit (gz), la lettre qui précède le **x** est un ______ et la lettre qui suit est une ______________.

⚠ dix, six : le **x** se prononce (s).

⚠ des bijou**x**, des château**x** : le **x** n'est pas prononcé, il indique le ______________.

⚠ une noi**x**, une croi**x**, une voi**x**, la pai**x**, heureu**x** : le **x** ne se prononce pas.

1 **Classe** les mots suivant la façon dont se prononce **x**.

un exemple – un taxi – luxueux – un examen – un excès – un exercice – extérieur

(ks)	(gz)

2 **Cherche** d'autres familles de mots en suivant les modèles proposés.

dangereux, dangereuse, un danger

malheureux, malheureuse, un malheur

examen, examinateur, ______

courageux ______

______

______

✎ **Écris** deux phrases avec deux des mots trouvés.

______

______

Choisis le bon mot et **réécris** chaque phrase.

Mon frère fait de la *boxe* ou de la *bosse*.

______

Je *fixe* ou *fils* un tableau sur le mur.

______

J'ai cassé une *tasse* ou une *taxe*.

______

La dispute

Lis ce passage de l'histoire.

Trois enfants regardent les gouttes de pluie couler le long des carreaux de la fenêtre du salon.

– Chouette, il pleut ! dit Alex, le grand frère. On va enfin pouvoir regarder la télévision !
Pauline, dix ans, se précipite sur le journal. Elle parcourt rapidement la page des programmes de télévision.
– J'ai trouvé ! déclare-t-elle soudain, très fière. Nous allons regarder *Robinson Crusoé*. C'est l'histoire d'un homme perdu sur une île déserte.
Alex consulte à son tour le programme, puis il s'écrie, très autoritaire :
– J'ai une meilleure idée. Nous allons regarder *Les Trois Mousquetaires*. C'est un film d'aventures très intéressant.
Il s'empare aussitôt de la télécommande et change de chaîne.
– Tu exagères ! crie la jeune fille, fâchée. Ce n'est pas parce que tu es le plus grand que tu as le droit de tout décider !
Julien, le petit frère malicieux, profite de la dispute pour jeter un coup d'œil aux programmes. Il reconnaît immédiatement Blanche-Neige sur une des illustrations.
– C'est moi qui choisis, annonce-t-il. On va regarder *Blanche-Neige* !
– Pas d'accord ! s'écrie sa sœur, furieuse. Pas d'accord du tout !

Quel film chaque enfant souhaite-t-il regarder à la télévision ?

1 **Souviens**-toi du chapitre 1 et **réponds** aux questions.

Chez qui sont les enfants pendant leurs vacances ?

À quel moment de la journée se déroule l'histoire ? Que vont faire les enfants ?

2 **Relie** et **recopie** les mots et groupes de mots qui vont ensemble.

Alex ▪	▪ le petit frère ▪	▪ fâchée
		▪ autoritaire
Pauline ▪	▪ le grand frère ▪	▪ malicieux
		▪ furieuse
Julien ▪	▪ la sœur ▪	▪ fière

Le groupe nominal

A. Dans chaque image, **entoure** le dessin qui correspond au groupe de mots.

un chien

un petit chien

un petit chien noir

Entoure le mot qui indique de qui on parle dans chaque groupe de mots.
Quel groupe de mots est le plus précis pour décrire l'animal ?

B. Dans chacune des phrases, **colorie** de la même couleur le groupe de mots identique.
Puis **relie** les phrases aux images qui correspondent.

Un petit chien noir aboie.
Une jeune fille dessine un petit chien noir sur une feuille blanche.
Dans la forêt, la jeune fille se promène avec un petit chien noir.

Je retiens : On peut désigner un personnage, un animal ou un objet avec un mot ou plusieurs mots qu'on appelle ______________________ .

Dans le groupe nominal le chef des mots est le __________ .

⚠ Dans une phrase, il peut y avoir un ou plusieurs groupes nominaux autour du verbe. Ils peuvent changer de rôle.

1 **Entoure** le nom dans chaque groupe nominal.

Trois petits visages – les nuages gris – une île déserte – un bon film

un personnage amusant – deux ballons verts – un livre intéressant

2 **Entoure** les groupes nominaux dans chaque phrase.

Mes frères se disputent. Chante la nouvelle chanson.

Les enfants regardent la télévision. La petite fille colorie des images.

Un vent violent soulève des vagues énormes.

3 **Remplace** les groupes nominaux surlignés par de nouveaux groupes nominaux.

Un bel oiseau chante dans le jardin. ______________________

Mélanie colorie un bel oiseau. ______________________

Sa petite chienne s'appelle Louisette. ______________________

Pierre se promène avec sa petite chienne. ______________________

Le nombre dans le groupe nominal

A. Relie les illustrations aux bons groupes nominaux.

- deux livres
- des livres
- un livre

- la maison
- les maisons
- ma maison
- plusieurs maisons

B. Classe les mots sur ton ardoise selon qu'ils désignent un seul objet ou plusieurs objets.

châteaux – épée – couronnes – château – épées – couronne

un objet	plusieurs objets

Entoure les indices qui t'ont aidé.

Je retiens : Un nom est au **singulier** quand il désigne une seule personne, un seul animal ou une seule chose.
Un nom est au **pluriel** quand il désigne ____________________, ____________________ ou ____________________.
À l'écrit, on ajoute un ***s*** ou parfois un ***x*** à la fin du nom au pluriel.
Exemple : des livres ou les livres

1 Relie chaque nom au déterminant qui convient.

- camion
- feu
- bureaux

- un
- des

- arbres
- cinéma
- bouquets

2 Écris le groupe nominal au pluriel.

un âne → des ____________ une fleur → des ____________ un chien → ____________

un dessin → ____________ une statue → ____________ une fleur → ____________

3 Observe les dessins et **écris** ce que tu vois. Attention aux accords.

un arbre 

des avions 

____________ ____________ ____________ ____________

La vie au temps des mousquetaires

1 **Lis** les textes et **observe** les documents.

Les **mousquetaires** étaient des soldats qui avaient pour mission de protéger le roi de France. On les reconnaissait facilement à leur tenue et à leur fusil appelé « **mousquet** ».

Les mousquetaires étaient des nobles qui n'avaient pas beaucoup d'argent et qui se mettaient au service du roi. Ils devaient s'acheter leur équipement sauf la tunique avec la croix des mousquetaires, donnée par le roi. C'était un honneur pour eux de pouvoir entrer au service du roi !

2 **Décris** la tenue des mousquetaires et **complète** la légende avec les mots suivants : chapeau garni de plumes, tunique, bottes, chemise avec col en dentelle, cape.

Les mousquetaires maniaient très bien l'épée. Ils s'entraînaient à se battre dans des salles avec un maître d'armes. À cette époque, il n'était pas rare de voir dans les rues des nobles se battre en duel. Cependant, les deux combattants ne devaient pas se tuer, car le duel était interdit depuis Louis XIII.

3 **Cherche** le mot duel dans le dictionnaire.

Le château de Versailles et Louis XIV

1 **Observe** les documents et lis les textes.

Le roi Louis XIV fit construire un immense palais à Versailles, car il désirait que toute sa cour soit regroupée autour de lui.

▲ Le petit pavillon de chasse du père de Louis XIV (le roi Louis XIII) a été agrandi. Au centre, se trouve la chambre du roi.

▲ Louis XIV porte le manteau du sacre. Il est en velours bleu parsemé de fleurs de lys brodées en fil d'or. L'intérieur est en fourrure d'hermine. La couronne et le sceptre sont posés sur le tabouret à côté de Louis XIV.

▼ De merveilleux jardins s'étendent de l'autre côté du château.
Les façades sont en pierres taillées blanches avec de larges fenêtres.
La célèbre galerie des Glaces se trouve dans la partie centrale, au premier étage.

2 En t'aidant des textes, **essaie** de localiser la galerie des Glaces.
Situe Paris et Versailles sur une carte de la région parisienne.

Ouvrir un dictionnaire

noisette 358

A B C D E F G H I J K L M **N**

noisette nom féminin. Une noisette, c'est un petit fruit rond, marron clair, qui est dans une coquille. *L'écureuil a une provision de noisettes pour l'hiver.*
✦ Les noisettes poussent sur les **noisetiers**.

noix nom féminin. Une noix, c'est un fruit qui est dans une coquille ovale très dure. *Maman a mis des noix dans la salade d'endives.*
☞ Au pluriel : des **noix**.

Les noix poussent sur les noyers.

nom nom masculin. Un nom, c'est un mot qui sert à désigner une personne, un animal ou une chose. *Écris ton nom de famille et ton prénom sur ton cahier. Tibère est le nom que Ferdinand a donné à son chat. Quel est le nom de cette rue? Banane, poire et abricot sont des noms de fruits.*
✦ Ne confonds pas nom et **non**.

nomade nom masculin et féminin. Un nomade, une nomade, c'est une personne qui n'a pas de maison et qui dort toujours sous une tente ou dans une caravane qu'elle change très souvent de place. *Les nomades du désert se déplacent sur des chameaux.*

nombre nom masculin. 1. Un nombre, c'est ce qui sert à compter. *342 est un nombre de trois chiffres.* 2. Un nombre de personnes ou de choses, c'est une quantité de personnes ou de choses. *Quel nombre de poupées as-tu?* combien de poupées as-tu?

nombreux adjectif masculin, **nombreuse** adjectif féminin. *Justine a reçu de nombreux cadeaux pour son anniversaire*, elle a reçu un grand nombre de cadeaux, elle a reçu beaucoup de cadeaux pour son anniversaire.

nombril nom masculin. Le nombril, c'est le petit creux que l'on a au milieu du ventre. C'est l'endroit où l'on a coupé le cordon qui reliait le bébé à sa mère quand il était dans son ventre.

se **nommer** verbe. *Le directeur de l'école se nomme Roland Maillard*, Roland Maillard est le nom du directeur de l'école.
✦ Tu peux dire aussi **s'appeler**.

non adverbe. Non, c'est un mot qui sert à dire que l'on n'est pas d'accord ou que l'on ne veut pas de quelque chose. *Veux-tu un gâteau? - Non, merci!*
✦ Le contraire de non, c'est **oui**.
✦ Ne confonds pas non et **nom**.

nord nom masculin. Le nord, c'est l'un des quatre points grâce auxquels on peut savoir où se trouvent des lieux. *La Belgique est au nord de la France.*
✦ L'aiguille de la boussole indique toujours le nord.
✦ Le nord, l'est, l'ouest, le sud.
✦ Sur une carte de géographie, le nord est toujours en haut.

A. Cherche dans ton dictionnaire la première page des mots qui commencent par la lettre **b**, par la lettre **n**, par la lettre **s**.

Ressemblent-elles aux autres pages de ton dictionnaire ? Comment as-tu fait pour les trouver facilement ?

B. Observe cette page de dictionnaire.

– À quoi sert le mot surligné écrit en haut de la page ?
– Quel est le premier et le dernier mot de cette page ?
– Combien y a-t-il de mots bleus en gras ?
– Peut-on trouver les mots *niche* et *nourriture* sur cette page ? Pourquoi ?
– Que feras-tu pour les trouver ?

Je retiens : Dans le dictionnaire, les mots écrits en haut des pages aident à se repérer dans l'ordre alphabétique. Ce sont des mots ______________ .

1 **Lis** ces mots rangés dans l'ordre alphabétique. **Réécris**-les en plaçant le mot en gras au bon endroit.

mardi – menu – montre – musique – (**minute**)

____

docteur – doigt – domino – doute – (**dortoir**)

____

2 Dans chaque liste, **entoure** le mot que tu trouveras dans les pages des mots repères.

guérir	habituer	éléphant – force – guitare
drap	durer	coudre – droite – peur
passé	patineur	parole – passeport – patte
barre	bateau	bataille – bâtiment – bavard

Robinson Crusoé

Lis ce texte et réponds aux questions.

Kimamila est venu aider les trois enfants. Il lit à Pauline un passage des aventures de Robinson Crusoé.

Comment Robinson Crusoé va-t-il réussir à vivre sur cette île déserte ? Pauline aimerait bien le savoir !
– Lis la suite et tu le sauras, dit Kimamila.
Pauline ne se fait pas prier. Elle ouvre le livre et découvre au fil des pages comment le courageux Robinson se fabrique des vêtements rudimentaires en peaux de bêtes. Avec sa barbe et ses cheveux longs, le voilà totalement transformé en homme des cavernes. Pauline découvre également comment Robinson réussit à faire pousser des céréales dans un sol riche et humide. Quand des pirogues chargées de cannibales débarquent sur l'île, l'aventure devient encore plus palpitante !
C'est à ce moment que Julien se réveille ! Il est très surpris de voir son frère et sa sœur plongés dans de gros livres !
– Qu'est-ce qu'ils font ? demande le petit garçon.
– Ils vivent des aventures passionnantes ! répond Kimamila.

Que fait Pauline ?
Pourquoi l'auteur emploie-t-il cette expression : « plongé dans un livre » ?
Que veut-il dire ?

1 **Souviens**-toi des chapitres précédents et **réponds** aux questions.

Pourquoi Julien est-il attiré par le livre de *Blanche-Neige* ?

Que fait Kimamila à la fin du chapitre et pourquoi ?

2 **Relève** dans le texte les mots qui te donnent des renseignements sur l'aspect physique de Robinson et **dessine**-le.

De la fleur au fruit

1 **Observe** les images et **décris** l'évolution de chaque espèce.

▲ Haricot.

▲ Citrouille.

▲ Monnaie du pape.

2 Après avoir observé tes plantations, les images et le poster, **complète** ce texte avec les mots suivants :

fruit – légume – fleur – vert

Souvent, au printemps, les fleurs se transforment. Les pétales tombent et le cœur de la ________ grossit et devient ________ . La fleur se transforme en ________ , en ________ ou en autre chose qui ne se mange pas.

Des fleurs

1 **Cite** et **écris** des noms de fleurs que tu connais. **Choisis**-en une et dessine-la sur ton cahier de sciences.

2 **Lis** ce texte et **légende** la photo.

Le **lys** est composé de :

- 3 sépales (ici, ils ressemblent aux pétales, ce sont eux qui recouvrent le bourgeon floral, ils sont placés le plus à l'extérieur. Dans d'autres espèces de fleurs, souvent, ils restent verts) ;
- 3 pétales colorés ;
- 6 étamines (l'étamine est composée d'une fine tige portant un « sac » allongé contenant des grains de pollen) ;
- 1 pistil (il se trouve au centre de la fleur).

3 **Observe** ces photos et **retrouve** le nom des différents organes des fleurs : pétale, pistil, étamines.

Fleur de caprier

Hibiscus.

4 **Observe** les images de la page 142 et du poster de la pomme et **nomme** les différents restes de la fleur que tu y vois.

Quelle partie de la fleur se transforme en fruit ?

L'adjectif qualificatif

A. Repère les mots qui changent dans ces groupes nominaux et **colorie**-les.
Dessine chaque objet sur une feuille.

- un gros livre – un livre déchiré – un livre vert
- une balle rouge – une balle ovale – une petite balle

À quoi servent ces mots ?

B. Compose deux groupes nominaux avec les mots suivants.
des – un – crayon – neuves – rouge – trousses
Qu'est-ce qui t'a aidé à écrire les groupes de mots ?

Je retiens : Dans le groupe nominal, certains mots donnent des précisions sur le nom. Ils s'appellent les ______________________ .
Quand le groupe nominal est au pluriel, tous les mots du groupe portent la marque du pluriel. *Exemple :* des petits chats blancs
D A N A

1 Précise où se trouvent le déterminant (D), le nom (N) et l'adjectif (A) dans chaque groupe nominal.
un chien noir – une belle journée – une chaussure neuve – des grosses taches
__ __ __ __ __ __ __ __ __ __ __ __

2 Réécris le groupe nominal au pluriel.

un café chaud → des ______________________

un poisson rouge → ______________________

une pile usée → ______________________

un chien fidèle → ______________________

une belle chemise → ______________________

3 Observe les images et **invente** des groupes nominaux avec un déterminant, un nom et un adjectif. **Écris**-les.

______________________ ______________________ ______________________

______________________ ______________________ ______________________

Le genre dans le groupe nominal

A. Relie les mots ou groupes de mots à la bonne étiquette.

voiture ▪
camion ▪
femme élégante ▪

un ou le
une ou la

▪ grand homme
▪ beau château
▪ belle maison

B. Choisis la bonne étiquette pour compléter les groupes de mots. **Réécris**-les sur ton cahier.

une / un	élève attentive	élève attentif
petite / petit	une assiette	un bol

C. Relie les mots qui vont ensemble. **Colorie** les indices qui permettent de faire la différence.

une ▪ ▪ joli ▪ ▪ marié
un ▪ ▪ jolie ▪ ▪ mariée

un ▪ ▪ élève ▪ ▪ appliquée
une ▪ ▪ élève ▪ ▪ appliqué

Je retiens : Les noms devant lesquels on peut mettre **le** ou **un** sont du genre ________ . *Exemple :* un gros camion.
Les noms devant lesquels on peut mettre **la** ou **une** sont du genre ________ . *Exemple :* une belle maison.
Dans le groupe nominal, tous les mots doivent respecter le **genre** du nom **masculin** ou **féminin**. À l'écrit, au féminin, on ajoute souvent un **e**.
Exemple : une jolie mariée.

1 Entoure en bleu les déterminants féminins et en rouge les déterminants masculins.

cette – le – ma – son – un – la – ce – votre – ta – une – cet – l'

2 Précise pour chacun des groupes nominaux s'il s'agit d'un nom féminin (F) ou masculin (M), en t'aidant de un ou une.

L'image __ l'arbre __ l'ombre __ l'arrosoir __ l'oiseau __ l'histoire __ l'instituteur __

3 Complète chaque groupe avec l'un des noms proposés.

un ________ courageux, une ________ courageuse (fille, garçon)

un ________ noir, une ________ noire (table, tableau)

4 Écris ces noms au masculin.

une gamine → ________ une marchande → ________

une mariée → ________ une inconnue → ________

5 Écris ces noms au féminin.

un étudiant → ________ un voisin → ________

un ami → ________ un renard → ________

Décrire un personnage

Observe cette peinture et **lis** les textes.

▲ *Le déjeuner de Molière*, Ingres.

Texte A

Louis XIV déjeune ici en compagnie de Molière, qu'il appréciait particulièrement. Molière était comédien et dirigeait la troupe de théâtre du roi. Il bénéficiait de privilèges à la cour. Le déjeuner a lieu dans la chambre du roi. Des courtisans, debout derrière une balustrade, peuvent y assister. C'est pour eux un grand honneur.

Texte B

Louis XIV est coiffé d'un chapeau orné de plumes blanches. Les boucles châtain foncé de sa perruque lui arrivent aux épaules. Il porte une cravate en dentelle, une veste grise, une culotte blanche et des bas de soie. Son attitude est détendue et il semble très à l'aise.

Texte C

Molière regarde le roi et semble l'écouter attentivement. Il est vêtu d'un costume rouge foncé sur une chemise bouffante blanche. Ses bas sont rouge vif et ses chaussures à talons noires. Il porte une perruque châtain et une moustache.

1 **Écris** la bonne lettre et **réponds** à la question :

Quel est le texte qui « raconte » l'image ? ______________

Quel est le texte qui décrit le roi ? ______________

Quel était le métier de Molière ? ______________

2 **Complète** précisément le tableau suivant en t'aidant du texte et de l'image.

		Louis XIV	Molière
Son apparence	Ses cheveux	______________	______________
	Son visage	______________	______________
Ses vêtements	Son chapeau	______________	______________
	Sa veste	______________	______________
	Sa culotte	______________	______________
	Ses chaussures	______________	______________
Son attitude		______________	______________

Je retiens : Pour faire le portrait d'un personnage, il faut donner des précisions sur son apparence, ______________ et ______________ .

3 Sur ton cahier, **écris** deux ou trois phrases pour décrire ces deux reines.

Anne d'Autriche (mère de Louis XIV).

La reine Béatrix, actuelle reine des Pays-Bas.

4 **Choisis** le personnage d'un livre (d'Artagnan, Blanche-Neige, Robinson Crusoé... ou un autre que vous avez lu en classe). **Écris** une description de ce personnage sans préciser de qui il s'agit. **Donne** le texte à ton voisin qui devra deviner de qui il s'agit. Si c'est suffisamment précis, vous aurez gagné tous les deux. Sinon, il faudra ajouter quelques précisions...

Les accords dans le groupe nominal

Lis ces groupes nominaux. **Précise** où se trouvent le déterminant (D), le nom (N) et l'adjectif qualificatif (A).

des amis gourmands ▪	▪ des petites chiennes
des petits chiens ▪	▪ des grandes forêts sombres
des grands bois sombres ▪	▪ des amies gourmandes

Relie les groupes nominaux féminins et les groupes nominaux masculins de la même famille.

Colorie les indices de genre en jaune et les indices de nombre en rose.
Dans les mots, quel est le premier indice ? Le genre, le nombre ?

Je retiens : Dans le groupe nominal, tous les mots ont un ______________ et un ______________. Les marques de genre apparaissent en ______________.
Souvent, les mots changent et on entend les différences : un chien, une chienne ; gourmand, gourmande. Parfois, on ajoute un **e** à l'écrit, pour marquer le féminin : un ami, une amie ; doré, dorée.
Les marques du nombre apparaissent ensuite. On ajoute un **s** ou parfois un **x** à la fin des mots. *Exemples :* des petites chiennes, des animaux sauvages.

1 **Souligne** le nom et **indique** le genre et le nombre de chaque groupe nominal.

un beau costume ______________ des belles histoires ______________

des grands châteaux ______________ une jolie princesse ______________

2 **Écris** ces groupes nominaux au féminin puis au féminin pluriel. (**Ajoute** les ponts.)

Exemple : un grand garçon → une grande fille → des grandes filles

un petit frère → une ______________ → des ______________

un homme heureux → une ______________ → des ______________

un joli renard → une ______________ → des ______________

un voisin bruyant → une ______________ → des ______________

3 **Observe** ces illustrations et **compose** sur ton cahier des groupes nominaux pour décrire précisément ce que tu vois.

Compose des phrases différentes sur ton cahier avec ces groupes nominaux. **Rappelle**-toi l'accord entre le groupe sujet et le verbe dans la phrase.

Les cartes à histoires

Invente le début d'une histoire. Pour t'aider, tu peux utiliser ce jeu de cartes anciennes, ou ton imagination !

Choisis une carte de chaque catégorie : le héros de ton histoire, ses qualités (la force, l'honnêteté...), le moment et le lieu de ses aventures. **Dis** comment ton histoire commence, par exemple par un voyage (comme avec la carte du « chariot ») ou par hasard (comme avec la carte « la roue de fortune »).

Ensuite, **raconte** le début de ton histoire à ton voisin : « C'est l'histoire de... ». Ton voisin peut te poser des questions sur la suite. Puis vous **inversez** les rôles.

Personnages

Qualités et moments

« Lieux »

Quand ton histoire est prête, tu peux **fabriquer** un petit livre comme ceux que tu as faits cette année. **Illustre** et **colorie** ton livre.

Avoir

INDICATIF			
Présent	**Imparfait**	**Passé composé**	**Futur simple**
j' ai	j' avais	j' ai eu	j' aurai
tu as	tu avais	tu as eu	tu auras
il, elle a	il, elle avait	il, elle a eu	il, elle aura
nous avons	nous avions	nous avons eu	nous aurons
vous avez	vous aviez	vous avez eu	vous aurez
ils, elles ont	ils, elles avaient	ils, elles ont eu	ils, elles auront

Être

INDICATIF			
Présent	**Imparfait**	**Passé composé**	**Futur simple**
je suis	j' étais	j' ai été	je serai
tu es	tu étais	tu as été	tu seras
il, elle est	il, elle était	il, elle a été	il, elle sera
nous sommes	nous étions	nous avons été	nous serons
vous êtes	vous étiez	vous avez été	vous serez
ils, elles sont	ils, elles étaient	ils, elles ont été	ils, elles seront

Chanter

INDICATIF			
Présent	**Imparfait**	**Passé composé**	**Futur simple**
je chante	je chantais	j' ai chanté	je chanterai
tu chantes	tu chantais	tu as chanté	tu chanteras
il, elle chante	il, elle chantait	il, elle a chanté	il, elle chantera
nous chantons	nous chantions	nous avons chanté	nous chanterons
vous chantez	vous chantiez	vous avez chanté	vous chanterez
ils, elles chantent	ils, elles chantaient	ils, elles ont chanté	ils, elles chanteront

Manger

INDICATIF			
Présent	**Imparfait**	**Passé composé**	**Futur simple**
je mange	je mangeais	j' ai mangé	je mangerai
tu manges	tu mangeais	tu as mangé	tu mangeras
il, elle mange	il, elle mangeait	il, elle a mangé	il, elle mangera
nous mangeons	nous mangions	nous avons mangé	nous mangerons
vous mangez	vous mangiez	vous avez mangé	vous mangerez
ils, elles mangent	ils, elles mangeaient	ils, elles ont mangé	ils, elles mangeront

Finir

INDICATIF			
Présent	**Imparfait**	**Passé composé**	**Futur simple**
je finis	je finissais	j' ai fini	je finirai
tu finis	tu finissais	tu as fini	tu finiras
il, elle finit	il, elle finissait	il, elle a fini	il, elle finira
nous finissons	nous finissions	nous avons fini	nous finirons
vous finissez	vous finissiez	vous avez fini	vous finirez
ils, elles finissent	ils, elles finissaient	ils, elles ont fini	ils, elles finiront

Aller

INDICATIF			
Présent	**Imparfait**	**Passé composé**	**Futur simple**
je vais	j' allais	je suis allé(e)	j' irai
tu vas	tu allais	tu es allé(e)	tu iras
il, elle va	il, elle allait	il, elle est allé(e)	il, elle ira
nous allons	nous allions	nous sommes allé(e)s	nous irons
vous allez	vous alliez	vous êtes allé(e)s	vous irez
ils, elles vont	ils, elles allaient	ils, elles sont allé(e)s	ils, elles iront

Faire

INDICATIF			
Présent	**Imparfait**	**Passé composé**	**Futur simple**
je fais	je faisais	j' ai fait	je ferai
tu fais	tu faisais	tu as fait	tu feras
il, elle fait	il, elle faisait	il, elle a fait	il, elle fera
nous faisons	nous faisions	nous avons fait	nous ferons
vous faites	vous faisiez	vous avez fait	vous ferez
ils, elles font	ils, elles faisaient	ils, elles ont fait	ils, elles feront

Prendre

INDICATIF			
Présent	**Imparfait**	**Passé composé**	**Futur simple**
je prends	je prenais	j' ai pris	je prendrai
tu prends	tu prenais	tu as pris	tu prendras
il, elle prend	il, elle prenait	il, elle a pris	il, elle prendra
nous prenons	nous prenions	nous avons pris	nous prendrons
vous prenez	vous preniez	vous avez pris	vous prendrez
ils, elles prennent	ils, elles prenaient	ils, elles ont pris	ils, elles prendront

Venir

INDICATIF			
Présent	**Imparfait**	**Passé composé**	**Futur simple**
je viens	je venais	je suis venu(e)	je viendrai
tu viens	tu venais	tu es venu(e)	tu viendras
il, elle vient	il, elle venait	il, elle est venu(e)	il, elle viendra
nous venons	nous venions	nous sommes venu(e)s	nous viendrons
vous venez	vous veniez	vous êtes venu(e)s	vous viendrez
ils, elles viennent	ils, elles venaient	ils, elles sont venu(e)s	ils, elles viendront

Pouvoir

INDICATIF			
Présent	**Imparfait**	**Passé composé**	**Futur simple**
je peux	je pouvais	j' ai pu	je pourrai
tu peux	tu pouvais	tu as pu	tu pourras
il, elle peut	il, elle pouvait	il, elle a pu	il, elle pourra
nous pouvons	nous pouvions	nous avons pu	nous pourrons
vous pouvez	vous pouviez	vous avez pu	vous pourrez
ils, elles peuvent	ils, elles pouvaient	ils, elles ont pu	ils, elles pourront

Crédits photographiques

P. 11 htg : © Gavin Hellier / Robert Harding World Imagery / Getty Images ; **11 htd** © David Noton / The Image Bank / Getty Images ; 11 md © Peter Adams / The Image Bank / Getty Images ; **11 basg** © Enzo & Paolo Ragazzini / Corbis ; **18** © Coll. Kharbine – Tapabor ; **24 g** © HPP / José Fuste Raga / Age Fotostock / Hoa-Qui ; **24 d** © Henley / Cosmos ; **25 htg** © Chris Lisle / Corbis ; **25 htd** © HPP / Hervé Champollion / Top ; **25 basg** © D.R. ; **25 basd** © Bill Ross / Corbis ; **30 htm** © Theo Allofs / Corbis ; **30 htd** © Joe McDonald / Corbis ; **30 htd** © Frans Lanting / Corbis ; **30 A** © Klein & Hubert / Bios ; **30 B** © W. Perry Conway / Corbis ; **30 C** © Klein & Hubert / Bios ; **30 D** © Cyril Ruoso / Bios ; **30 E** © HPP / Sylvain Cordier / Jacana ; **31 ht** © Michel Hans ; **31 basg** © HPP / Michael A. Keller / Age Fotostock / Hoa-Qui ; **31 basd** © Olivier Eltinger / Zefa / Corbis ; **34** © Victoria Sayer / Corbis Sygma ; **35 ht** © Chang Gang / Global Image Express / Maxppp ; **35 g** © HPP / H. Donnezan / Rapho ; **35 basd** © Kyodo / Maxppp Tokamachi ; **36** ©The Lambeth Palace Library, Londres / Bridgeman-Giraudon ; **37 ht** Archives Nathan ; **37 htm** © Photos12.com – Oronoz ; **37 ht** 9 photos Hemera ; **50** Collection IM / Kharbine – Tapabor ; **53 basg** © D. Arnaudet / RMN ; **53 basd** © Benoit Decout / REA ; **56 htg** BIS / Ph. Hubert Josse © Archives Larbor ; **56 htd** BIS / Ph. Hubert Josse © Archives Larbor ; **56 basg** © akg-images ; **56 basd** © akg-images ; **63** © HABITAT PLUS Maisons Individuelles ; **68 g** © D.R. ; **68** m Image Source Ltd. ; **68 d** Photodisc ; **69 ht** © BSIP / SGO ; **69 mg** © Denis Scott / Corbis ; **69 basg** © J.M. Labat / P. Rocher / PHONE ; **69 basd** © HPP / Denis – Huot / Jacana ; **73 basd** Coll. Christophe L. ; **74 htg** © The Art Archive / Dagli Orti ; **74 basd** © Dewitt Jones / Corbis ; **75 ht BIS** / Ph. © Archives Larbor ; **80 ht BIS** / Ph. Coll. Archives Larbor ; **80 basg BIS** / Ph. Coll. Archives Larbor ; **81 htd** Georges Gobet / AFP ; **81 mg** © Itsuo Inouye / AP / Sipa ; **81 basg** Laura Boushnak / AFP ; **94 ht** Pierre Barbier / Roger-Viollet © ADAGP Paris 2007 ; **94 bas BIS** / Ph. Coll. Archives Larbor ; **100 ht** © D.R. ; **100 basg** © Fred Lherpiniere / Francedias.com ; **100 basd** © HPP / Jean-Didier Risler / Grandeur Nature ; **101 htg** © HPP / Philippe Roy / Hoa-Qui ; **101 htd** © HPP / Javier Larrea / Age Fotostock / Hoa-Qui ; **101 basg** © Alain Pellorce / Francedias.com ; **101 basd** © Gile / Andia ; **106 htg** © Pierre Gleizes /REA ; **106 htd** © HPP / Lou Grive / Grandeur Nature ; **106 mg** © HPP / Philippe Royer / Hoa-Qui ; **106 md** © M.A. Otsoa de Alda / AGE FOTODTOCK / Hoa-Qui ; **106 basg** © Jacques Descloitres, MODIS Rapid Response Team, NASA / GSFC ; **107 htg** © Owen Franken / Corbis ; **107 htd** © HPP / Gérard Sioen / Rapho ; **107 m** © HPP / Thonig / Namensnennung / Mauritius / Hoa-Qui ; **107 basg** © HPP / Dominique Reperant / Explorer / Hoa-Qui ; **107 basd** © HPP / Rick Brady / Imagestate / GHFP ; **112** akg-images © Adagp Paris, 2007 ; **113 ht** © Jean-Pierre Clatot / AFP ; **118 htg** © Lauros / Bridgeman – Giraudon ; **118 htd** © GIN/P.P.L. Image / Sipa ; **118 mht** © akg – images ; **118 mg BIS** / Ph. Musée de l'air Coll. Archives Larbor ; **118 mbas** © Branger / Hulton Archives / Getty Images ; **118 basd** © The Granger Collection NYC / Rue des Archives. ; **124** © Tallandier / Rue des Archives ; **125** © Gérald Bloncourt / Rue des Archives ; 126 htg © Chassenet / BSIP. ; **126 htd** © A.A. / Sipa. ; **126 htd** © Alain Le Bot / Photononstop ; **126 A** © Michel Jolyot / Rea ; **126 B** © Jean-Marc Romain / Photononstop ; 126 C © Sebastien Ortola / Rea ; **126 D** © EFE Agencia / Sipa ; **132 ht** © Photothèque R. Magritte – Adagp Paris 2007 ; **132 bas** © Portal Gallery Ltd/ The Bridgeman Art Library ; **138 ht** © The Art Archive / Dagli Orti ; **138 bas** © Stefano Bianchetti / Corbis ; **139 htg** © Vanni Archive / Corbis ; **139 htd BIS** / Ph. H. Josse © Archives Larbor ; **139 basg** © G. Blot / H. Lewandowski - RMN ; **139 basd** © J. Derenne / RMN ; **142 htg** © Animals-Animals / Sunset ; **142 htm** © Jean-Michel Labat / Phone ; **142 htd** © Holt Studios / Sunset ; **142 mg** © Matt Alexander / Bios ; **142 mm** © Philippe Giraud / Bios ; **142 md** © Joël Douillet / Bios ; **142** basg © Alexander Matt / Bios ; **142 basm** © Muriel Hazan / Bios ; **142 basd** © Alexander Matt / Bios ; **143 ht** D.R. ; **143 basg** D.R. ; **143 basd** © Creasource / Corbis ; **146 BIS** / Ph. Luc Joubert © Archives Larbor ; **147 basg** © Photo RMN ; **147 basd** © Picture Press Europe / Sipa. ; **149** © D.R.

Crédits des illustrations

Unité 1 (p. 5 à p. 18), unité 3 (p. 37 à p. 56), unité 5 (p. 75 à p. 94), unité 7 (p. 113 à p. 132) : Illustrations : Patrick Gromy.

Unité 2 (p. 19 à p. 36) et unité 8 (p. 133 à p. 149) : Illustrations en rapport avec les histoires *Kimamila et le dragon rouge* et *Kimamila et la clé des rêves* : Jean-Noël Rochut. Autres illustrations : Patrick Gromy.

Unité 4 (p. 57 à p. 74) : Illustrations en rapport avec l'histoire *Le détective Malinou* : Malorie Laisne. Illustration p. 62 : Grégoire Pont. Autres illustrations : Patrick Gromy.

Unité 6 (p. 95 à p. 112) : Illustrations en rapport avec l'histoire *Le bébé de cristal* : Hervé Blondon. Autres illustrations : Patrick Gromy.

Conception graphique : Isabelle Vaudescal
Mise en page : Médiamax
Couverture : Aude Prunet-Foch
Édition : Pascale Costet, Pauline Bocquillon
Recherche iconographique : Laurence Vacher

Achevé d'imprimer en avril 2012
N° d'éditeur : 10187796
Imprimé en Italie par Stige - Turin

FSC www.fsc.org MIXTE Papier issu de sources responsables FSC® C022030